Mit Genuß zur schlanken Linie –

das schaffen Sie mühelos mit unserer vegetarischen Trennkost. Verlockende und unkomplizierte Rezepte ohne Fleisch und Fisch machen das Trennen von Eiweiß und Kohlenhydraten ganz einfach.
Eier, Milch- und Sojaprodukte liefern hochwertiges Eiweiß. Getreide, Kartoffeln und Brot versorgen Sie mit wichtigen Kohlenhydraten. Salate, Gemüse und Obst bringen alle notwendigen Vitalstoffe – und machen gute Laune! So köstlich und gesund war Schlankwerden noch nie!

Die Farbfotos gestaltete Odette Teubner.

INHALT

Die Temperaturstufen bei Gasherden
variieren von Hersteller zu Hersteller.
Welche Stufe Ihres Herdes der jeweils angegebenen Temperatur entspricht, entnehmen Sie bitte der Gebrauchsanweisung.

Die GU-Trennkost ist einfach und unkompliziert. Sie orientiert sich an den Erkenntnissen, die der amerikanische Arzt Howard Hay in den zwanziger Jahren gewonnen und weitergegeben hat, nachdem er sich selbst mit dieser Ernährung von einem schweren Stoffwechselleiden heilte.

Die GU-Trennkost wurde unter Mithilfe von Ärzten, die diese Ernährung bei ihren Patienten erfolgreich einsetzen, den neuesten ernährungswissenschaftlichen Erkenntnissen angepaßt. Daher ist sie in einigen Punkten anders als die klassische Trennkost nach Hay.

Die neue GU-Trennkost ist ideal für Menschen, die einfach ein paar Pfunde abnehmen, ihren Körper auf natürliche Weise entschlacken und Vitalität gewinnen möchten.

Trennen heißt bei der neuen GU-Trennkost, daß vorwiegend kohlenhydrathaltige Nahrungsmittel (wie z. B. Kartoffeln, Getreide, Brot) nicht zusammen mit vorwiegend eiweißhaltigen Nahrungsmitteln (wie z.B. Eier, Tofu oder Magermilchprodukte) zusammen in einer Mahlzeit gegessen werden.

Kombiniert werden dürfen eiweiß- und kohlenhydrathaltige Nahrungsmittel mit einer Vielzahl von sogenannten neutralen Nahrungsmitteln.

Diese neutralen Nahrungsmittel behindern weder die Kohlenhydrat- noch die Eiweißverdauung. Trennkost ist keine Diät, denn die Einschränkungen sind gering, die Kombinationsmöglichkeiten äußerst vielfältig. Sie dürfen mit gutem Gewissen ein Vollkornbrot mit einem sahnigen Käse essen, dazu etwas Salat oder Gemüse, und Sie ernähren sich nach Trennkost- Richtlinien optimal.

Damit Sie mit der richtigen Auswahl von Anfang an zurechtkommen, finden Sie auf der Seite 9 eine Trennkost-Kombinationsscheibe und auf den Seiten 12 und 13 ausführliche Nahrungsmittel-Tabellen.

Die vegetarische Variante der Trennkost

Für alle, die grundsätzlich oder auch gelegentlich fleischlos essen, wird die Auswahl noch einfacher. In der vegetarischen Trennkost kombinieren Sie zu Lebensmitteln aus der großen neutralen Gruppe, zu der Gemüse, Nüsse, Vollmilch und fetter Käse gehören, Lebensmittel aus der Eiweißgruppe, also Eier, Sojaprodukte wie Tofu, Seitan (Weizeneiweiß) und magere Milchprodukte.

Sie bekommen noch genug Eiweiß aus den pflanzlichen Nahrungsmitteln, vor allem aus dem Getreide und den neutralen Lebensmitteln wie Gemüse, Nüsse, Käse und Milchprodukte. Diese Lebensmittel enthalten Eiweiß in kleineren, aber völlig ausreichenden Mengen. So kann eine Kohlenhydratmahlzeit ähnlich viel Eiweiß enthalten wie eine Eiweißmahlzeit mit einem konzentrierten Eiweißnahrungsmittel. Und das Eiweiß in der Kohlenhydratmahlzeit ist besser aufschließbar und dadurch wertvoller.

Für die vegetarische Trennkost gilt: Kohlenhydratmahlzeiten passen immer, konzentrierte Eiweißmahlzeiten in der Regel mittags essen, da dann das Eiweiß besser verdaut werden kann.

Trennen entlastet

Normalerweise nehmen wir in einer Mahlzeit eiweißreiche und kohlenhydratreiche Nahrungsmittel zu uns. Diese Ernährung kann auf Dauer Magen und Darm schwer belasten, was sich häufig durch saures Aufstoßen, Magendruck, Völlegefühl und Müdigkeit nach den Mahlzeiten zeigt.

Wenn Sie also in einer Mahlzeit zum Beispiel Magerquark und Kartoffeln essen, passiert folgendes: Die Kohlenhydrate (Kartoffeln) und Eiweiße (Magerquark) behindern sich bei der Verdauung gegenseitig. Denn um die Kohlenhydrate zu verdauen, müssen diese im Mund durch das im Speichel enthaltene Enzym Ptyalin aufgespalten werden. Kommt nun der Quark dazu, wird die Aufspaltung der Kohlenhydrate gestört. Und umgekehrt verhindern dann im Magen, wo die sauren Magensäfte und das Pepsin für die Eiweißspaltung zuständig sind, die Kohlenhydrate, daß die Eiweiße richtig verdaut werden. Die Nahrung wird nicht richtig verdaut, die Kohlenhydrate werden nicht vollständig zerlegt und können dann im Darm zu Gärungen führen. Der unvollständig verdaute Speisebrei belastet den Darm und den ganzen Stoffwechsel. Dadurch werden unsere Verdauungsorgane ständig extrem beansprucht. Von unserem Stoffwechsel werden andauernd Höchstleistungen gefordert. Dies kann eine Weile gutgehen, aber auf Dauer hat eine zu starke Belastung des Stoffwechsels gesundheitliche Folgen.

Trennkost macht schlank

Trennkost wirkt sich nicht nur wohltuend auf den Stoffwechsel aus, als weitere Begleiterscheinungen dieser Ernährung werden Sie bald merken, daß Sie leichter abnehmen und die Verdauung prima funktioniert. Wenn Abnehmen für Sie ganz oben an der Wunschliste steht, sollten Sie sich jedoch an die empfohlenen Mengen halten und vor allem Gemüse zu Ihrem Hauptnahrungsmittel machen. Die Ballaststoffe in Gemüse und Salaten wirken sich so günstig aus, daß Sie essen können, ohne an Kalorien und Fettmengen denken zu müssen. Fett bitte nur in vernünftigen Mengen verwenden, also pro Person und Gericht etwa einen Eßlöffel Butter oder Öl. Natürlich in bester Qualität, so ist weniger mehr!

Auch für die vegetarische Trennkost gilt die Faustregel: eiweißreiche und kohlenhydratreiche Lebensmittel werden täglich, aber niemals gemeinsam gegessen.

Die Trenn-Gruppen

Die Trennkost teilt die Nahrungsmittel in drei Gruppen ein: in die vorwiegend eiweißhaltigen, die vorwiegend kohlenhydrathaltigen und in die sogenannten neutralen Lebensmittel.
Zu der Kohlenhydratgruppe gehören alle Getreide, Brot, Teigwaren (ohne Ei), Kartoffeln, natürliche Süßungsmittel, süße Früchte und Trockenfrüchte.
Zur Eiweißgruppe gehören Fisch, Fleisch, Eier, Sojaprodukte, magere Milchprodukte und Käse mit einem Fettgehalt von unter 45% Fett i.Tr.
Zur Eiweißgruppe passen alle sauren Früchte, obwohl sie ballaststoffhaltig sind, weil die Säure dieser Früchte sich ungünstig auf die Kohlenhydratverdauung auswirkt.
Zur großen neutralen Gruppe gehören alle Gemüse, Salate, Kräuter, Sprossen, Keimlinge und Pilze, Nüsse und Samen, Heidelbeeren, Eigelb, Hefe und Geliermittel. Weiter gehören zur neutralen Gruppe alle Fette und Käsesorten ab 45% Fett i. Tr.
Sie sollten die hochwertigen, kaltgepreßten Öle bevorzugen. Vollmilch, Sahne und alle gesäuerten Milchprodukte runden die große Gruppe der beidseitig kombinierbaren neutralen Nahrungsmittel ab.

Sieben Tips erleichtern Ihnen den Einstieg, geben die notwendigen Erklärungen und begleiten Sie als kleines Nachschlagewerk für eigene Rezeptideen, bis Ihnen die Trennkost ganz vertraut ist.

Der grundlegende Trenn-Tip

Der Basis-Tip für die Trennkost heißt: Sie essen die Dinge, die Sie bisher auch gerne mochten, nur kombinieren Sie innerhalb der Mahlzeiten anders. Sie essen in einer Mahlzeit keine vorwiegend kohlenhydrathaltigen Nahrungsmitteln zusammen mit solchen, die vorwiegend Eiweiß enthalten. Also keine Bratkartoffeln (Kohlenhydrate) zum Spiegelei (Eiweiß), dafür aber ein üppiges Gemüse als Beilage zum Ei. Aus der neutralen Gruppe wählen Sie Partner für die Kohlenhydrat- oder Eiweißnahrungsmittel aus. Ein Gericht aus der neutralen Gruppe, zum Beispiel eine Gemüsemahlzeit, können Sie ganz einfach solo essen oder mit einem Partner aus der Eiweiß- oder Kohlenhydratgruppe kombinieren, also entweder mit Brot oder mit Tofu oder Seitan.
Als Getränke passen Wein und Sekt zu Eiweißmahlzeiten und Bier zu Kohlenhydratmahlzeiten, Rotwein in kleinen Mengen zur abendlichen Pasta-Mahlzeit. Neutrale Getränke wie Tees, Kaffee, Wasser, verdünnte Gemüsesäfte passen zu beiden Gruppen.

Der grüne Vital-Tip

Wählen Sie so viel Nahrungsmittel wie möglich aus der Gruppe der Salate, Gemüse und Obstsorten aus, denn diese enthalten Vitamine und Mineralstoffe in großen Mengen, und dazu noch feindosierte Eiweiße und Kohlenhydrate, gepaart mit verdauungsfördernden Ballaststoffen. Ihre Mahlzeiten sollen zu zwei Dritteln aus diesen »grünen« Nahrungsmitteln bestehen.
So haben Sie auch die Gewähr, daß Ihr Säure-Basen-Gleichgewicht stimmt. Damit der Körper nicht sauer reagiert, wenn er zu viele säurebildende Nahrungsmittel wie Eier, Tofu, Fisch oder Fleisch, Zucker, Weißbrot oder Nudeln verarbeiten muß, braucht er als Puffer viele pflanzliche Lebensmittel, die die Säurebildung im Körper ausgleichen.
Ihre Mahlzeiten sollten zu 80 Prozent aus basenbildenden Lebensmitteln (Salate, Gemüse, Obst, Kartoffeln) und nur zu 20 Prozent aus säurebildenden bestehen.

Der einteilende Zeit-Tip

Die Trennkost-Regeln helfen Ihnen bei der Speisenplanung: Morgens essen Sie wahlweise ein Kohlenhydrat- oder Eiweißfrühstück. Pro Woche jedoch maximal drei Eiweißfrühstücke.

Reichlich Obst und Gemüse: gesunder Eßgenuß und Garant für ein ausgewogenes Säure-Basen-Gleichgewicht im Körper.

Mittags wählen Sie eine Eiweißmahlzeit und am Abend eine Kohlenhydratmahlzeit, weil der Körper mittags Eiweiß besser verdauen kann und am Abend die Kohlenhydrate optimal verarbeitet, die gleichzeitig beruhigend auf den Körper wirken. Wenn eine festliche Abendeinladung bevorsteht, essen Sie am Mittag die Kohlenhydratmahlzeit und dann am Abend die Eiweißmahlzeit. Neutrale Mahlzeiten, die vorwiegend aus Salat und Gemüse bestehen, passen mittags oder abends, alleine oder in Kombination mit Eiweiß- oder Kohlenhydratpartnern.

Der Trink-Tip

Wasser macht fit und vertreibt den Hunger. Trinken Sie am besten vor jeder Mahlzeit ein Glas zimmerwarmes, am besten abgekochtes Wasser, das zähmt den Hunger und ist gut für den Stoffwechsel und zur Entschlakkung. Während des Tages trinken Sie am besten jede Stunde ein Glas Wasser und nicht erst, wenn Sie Durst haben. Wieviel Wasser Sie trinken sollen, ist individuell verschieden. Ein bis zwei Liter täglich sollten es aber sein.
Leitungswasser ist ideal, denn es enthält nicht zu viele Mineralien und Salze. Das Leitungswasser ist das am besten kontrollierte Lebensmittel und normalerweise können Sie es ohne Bedenken und guten Gewissens trinken.
Wenn Sie Mineralwasser kaufen, bevorzugen Sie ein mineral- und salzarmes Wasser. Die meisten der sogenannten Heilwässer sind in größeren Mengen nicht zu empfehlen.
Neben Wasser können Sie auch leichte Kräutertees trinken. Heilkräutertees bitte nur, wenn Sie die Wirkung der jeweiligen Kräuter speziell benötigen, nicht als Dauergetränk.
Kaffee, Grün- oder Schwarztee nicht in zu großen Mengen trinken, da sie anregend wirken. Ein angenehm wirkendes Teegetränk ist Maishaartee, erhältlich im Reformhaus oder Bioladen (oft nur auf Bestellung), oder Mate-Tee, der anregt ohne aufzuregen. Obst- und Gemüsesäfte, am besten immer etwas verdünnt, und alkoholische Getränke nicht in zu großen Mengen trinken.

Der beschwingende Trimm-Tip

Unterstützen Sie Ihre neue Ernährung durch Bewegung. Planen Sie ein- bis zweimal täglich einige Minuten für Ihre Fitneß ein. Legen Sie Ihr individuelles kleines Fitneßprogramm fest, zum Beispiel zweimal zehn Minuten einige schwungvolle Gymnastikübungen. Lassen Sie öfter das Auto stehen, gehen Sie zu Fuß zur Post, radeln Sie zum Bäcker, vergessen Sie den Lift und laufen Sie die Treppen hoch: Sehen Sie dies nicht als Mühe, sondern als eine willkommene kleine sportliche Tätigkeit in ihrem Tagesablauf und nicht als »Belastung«.

Der lohnende Qualitäts-Tip

Die Qualität der Nahrungsmittel, die Sie essen, wirkt sich positiv oder negativ auf Ihren Körper aus. Kaufen Sie nur Lebensmittel bester Qualität: Sie finden ein gutes Angebot im Naturkostladen, Reformhaus, kleinen Fachgeschäften und auf Ihrem Wochenmarkt. Bevorzugen Sie Gemüse und Obst aus ökologisch orientiertem Anbau.

Der zeitsparende Organisations-Tip

Trennkost läßt sich bestens organisieren, ohne Extra-Kocherei, auch am Arbeitsplatz, bei Einladungen, im Restaurant oder auf Reisen. Wer sich nach Trennkostregeln ernähren möchte, nimmt oder bestellt sich einfach die passenden Zutaten und kann sich so sein individuelles Trenngericht überall zusammenstellen.
Zu Hause gibt es ebenfalls keine Extra-Arbeit: wenn nur Sie alleine Trennkost praktizieren, kochen Sie für die Familie »normal« weiter. Sie selbst lassen einfach bestimmte Beilagen aus (etwa Kartoffeln oder Nudeln), dafür essen Sie eine größere Salat- oder Gemüseportion.

Freuen Sie sich auf die neue Art der Ernährung, denn Sie können alles essen, worauf Sie Appetit haben, Sie kombinieren nur etwas anders. Denken Sie nicht mehr an Kalorien oder Joule und Fette, halten Sie sich lediglich an die Trennkostregeln und genießen Sie die neuen Rezepte!

Zum Frühstück:
- Kohlenhydratfrühstück
- oder Eiweißfrühstück
- oder Obstfrühstück

Zum Mittagessen:
- Eiweißmahlzeit mit Salat und/oder Gemüse
- oder neutrale Gemüsemahlzeit, nach Belieben mit Eiweißergänzung
- oder Kohlenhydratmahlzeit mit Salat und/oder Gemüse

Zum Abendessen:
- Kohlenhydratmahlzeit mit Gemüse
- oder neutrale Gemüsemahlzeit, nach Belieben mit Kohlenhydratergänzung

Damit Sie für den Anfang nicht lange überlegen müssen, können Sie gleich mit der Trennkost-Wunderwoche beginnen, die Sie auf Seite 11 finden! Dabei essen Sie genau nach Plan, so gehen Ihnen die Trennkostrichtlinien in Fleisch und Blut über. Danach verstehen Sie die Trenn-Spielregeln noch leichter, können selbst weiterplanen und auch eigene Ideen einbringen. Viel Spaß und guten Appetit!

Trennen auf einen Blick

Auf der Trennkost-Kombinationsscheibe können Sie auf einen Blick sehen, welche Nahrungsmittel Sie bei der Trennkost kombinieren können und auch in welchem Mengenverhältnis, wenn Sie eigene Gerichte kochen möchten.

Merke:

- Kohlenhydrate, vor allem Vollkornprodukte in jeder Form und Kartoffeln, können etwa 60 % der gesamten Tageskost ausmachen.

- Eiweißhaltige Nahrungsmittel nur zu 25% auswählen.

- Die Mengen der Nahrungsmittel etwa prozentual nach der Größe der Felder auswählen.

- Nahrungsmittel aus dem grünen Ring, vor allem aus der Gemüsegruppe, sollten in jeder Mahlzeit vertreten sein.

- Salate, Gemüse und Obst sollten über die Hälfte der täglichen Nahrungsmenge ausmachen, die Hälfte davon in roher Form. Daher reichlich Obst und Salate essen, am besten morgens und mittags, da Rohes nach 17 Uhr nicht mehr so gut verdaut wird.

- Alle normalen und gesäuerten Vollmilchprodukte sind neutral und passen sowohl zu Eiweiß als auch zu Kohlenhydraten. Da sie Fette und konzentrierte Energie liefern, reicht es, diese Lebensmittel nur in kleinen, geschmacksabrundenden Mengen zu verwenden.

- Bei Käse gehören alle Sorten über 45% Fett i.Tr. der neutralen Gruppe an. Sie können also beliebig kombinieren! Keine großen Mengen verwenden, da Käse noch eiweißreicher als Milch ist und in zu großen Mengen auch übersäuernd wirken kann.

- Fette in vernünftigen Mengen verzehren, nicht mehr als einen Eßlöffel Butter oder Öl pro Gericht und Person.

- Zucker und Weißmehlprodukte sollen die kleine Ausnahme von der Regel sein. Greifen Sie zum Süßen auf natursüße Produkte zurück, also Honig oder Birnendicksaft, aber auch hier nur kleine Mengen verwenden.

TRENNEN AUF EINEN BLICK

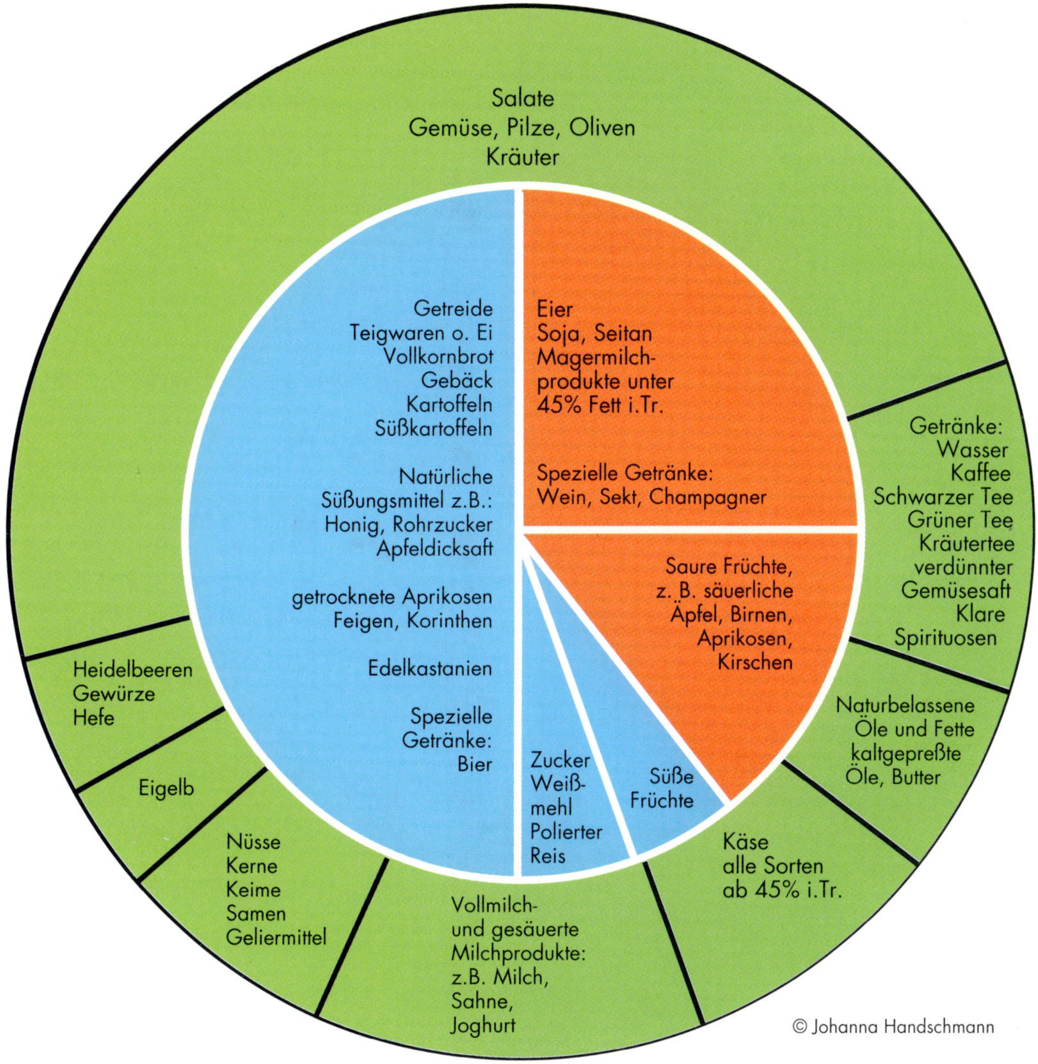

Tip

1. Elemente des Außenkreises (grün) sollen in jeder Mahlzeit vertreten sein. Sie können <u>entweder</u> mit Kohlenhydraten (blau) <u>oder</u> mit Eiweiß (rot) kombiniert werden.
2. In jeder Mahlzeit die jeweiligen Mengenproportionen ungefähr beachten; die Größe der Felder zeigt den Bedarf der einzelnen Lebensmittel an.

Wenn Sie jetzt sofort mit der Trennkost beginnen möchten, planen Sie mindestens ein oder zwei Umschalttage ein, damit der Körper entschlackt wird und Sie selbst einen deutlichen Schlußstrich unter Ihre alten Eßgewohnheiten ziehen. Besonders gut geht dies am Wochenende. Gönnen Sie sich ein paar entspannende Stunden, beschäftigen Sie sich mit dem neuen Ernährungsthema und stellen Sie sich den Speiseplan für die erste Woche zusammen oder probieren Sie gleich unsere Wunderwoche. Wenn Sie noch eine Entscheidungshilfe brauchen, beginnen Sie an einem Neumondtag, dann ist die Entschlackungswirkung doppelt so gut!

Richtig umschalten

Für die Umschalttage eignen sich verschiedene Entschlackungskuren.

Fasten: Nur milde Kräutertees oder stilles, natriumarmes Mineralwasser (Leitungswasser, s. Tip S. 7) zu sich nehmen.

Saftfasten: Täglich etwa 1,5 l Gemüsesaft, frisch gepreßt oder aus dem Reformhaus oder Naturkostladen, im Verhältnis 1:1 mit Leitungswasser verdünnt. Dabei den Saft eine Weile im Mund behalten, gut einspeicheln und nicht in einem Zug hinuntertrinken.

Obsttag: Reichlich Kräutertee oder Wasser trinken und zusätzlich 1 kg Obst (außer Bananen) bis gegen 15 Uhr und als Abendessen 2 Bananen oder 2 Pellkartoffeln essen.

Obst- und Reistage zum Entschlacken sind einfach durchzuführen und ideal für Berufstätige.

Reistag: Kochen Sie 150 g Naturreis mit einem Teelöffel Salz in 400 ccm Wasser auf und lassen ihn zugedeckt in 40 Minuten ausquellen. Teilen Sie den Reis in 3 Portionen. Essen Sie die erste mit etwas ungesüßtem Apfelbrei als Frühstück und die beiden anderen Portionen, mit je 1 Teelöffel Olivenöl, Gomasio (Sesamsalz, aus dem Reformhaus oder Bioladen) und Sojasauce erwärmt, als Mittag- und Abendessen. Eine solche Reiskur können Sie, wenn Sie sich wohl fühlen, bis zu einer Woche durchführen. Auch hier wieder reichlich trinken.

Traubenkur: Über den Tag verteilt zwei bis vier Kilogramm reife, gut gewaschene Trauben essen, nach Möglichkeit aus biologischem Anbau.

Ananaskur: Wenn Sie Südfrucht-Fan sind, essen Sie ein bis drei Tage nur Ananas, als ganze Frucht oder als Saft. Die Ananas-Enzyme bringen die Fettverbrennung auf Trab!

Quarktag: Essen Sie an einem Tag nur 700 g Quark, nach Belieben mit Kräutern verfeinert, und trinken Sie auch hier wieder reichlich. Quark schwemmt viel Flüssigkeit aus dem Körper.

	Frühstück	Mittagessen	Abendessen	Für den kleinen Hunger
Montag	Obstfrühstück mit Joghurt (S. 16)	Saisonsalat (S. 22) Lauchomelett (S. 38)	Salat nach Wahl (kein Eiweiß-Salat!) Brokkoli-Fenchel-Toast (S. 32)	vormittags 1 Apfel, nach 16 Uhr 1 Banane oder 1 Reiswaffel
Dienstag	Brot mit Käse (S. 14)	Feldsalat (S. 20) Gemüseschnitzel (S. 40) mit Kräuter-Pesto (S. 56)	Gemüse-Hirsotto (S. 52)	vormittags 1 Orange, nachmittags nach 16 Uhr 2 Knäcke-brote
Mittwoch	Flockenmüsli (S. 16)	Saisonsalat (S. 22) Gemüsebrühe mit Eierflädle (S. 30)	Gemüsesalat (S. 26) Brot mit Käse (S. 14)	vormittags 1 Voll-milchjoghurt, nachmittags 2 Eßl. Nüsse
Donners-tag	Obstfrühstück mit Joghurt (S. 16)	Saisonsalat (S. 22) Buchweizenfrikadel-len (S. 54) mit Möhrensauce (S. 28, Variante der Möhren-suppe)	Salat nach Wahl (kein Eiweiß-Salat!) Steinpilzrisotto (S. 50) oder Dinkel-cremesuppe (S. 28)	vormittags 1 Birne, nachmittags 1 Müsli-riegel ohne Zucker oder 1–2 Eßl. Rosinen
Freitag	Brot mit Frisch-käsecreme (Variante S. 14)	Kohlrabi-Radieschen-salat (S. 22) Gefüllte Auberginen, Eiweiß-Variante mit Tofu (S. 38)	Gemüsesalat (S. 26) Nudeln mit Nuß-sauce (S. 48)	vormittags 1 Apfel, nachmittags 1 Joghurt oder 200 ml Buttermilch
Samstag	Kräuteromelett (S. 16) mit Avocado oder Radieschen	Rote-Bete-Salat (S. 24) Erbsencurry (S. 34)	Reisklößchen (S. 52) Südlicher Gemüsetopf (S. 40)	vormittags 1 Eßl. Oli-ven oder 1 Joghurt, nachmittags 2 Eßl. Trockenfrüchte
Sonntag	Vollkornbröt-chen/Vollkorn-zopf mit Honig und Marmelade (S. 14)	Saisonsalat (S. 22) Wirsingröllchen (S. 36), auch als Kohlenhydrat-Variante	Salat nach Wahl (kein Eiweiß-Salat!) Kartoffelsalat mit Parmesan (S. 26)	vormittags Obst, nach Belieben nachmittags 1 Stück Vollkornkuchen
Getränke für jeden Tag	1–2 Tassen Kaffee oder Tee, mit Milch oder Sahne oder Mate-Tee	Wasser, Kräuter- oder Früchtetee, verdünnter Gemüse- und Fruchtsaft, Wein in kleinen Mengen	Wasser, Kräutertee, verdünnter Gemüse-saft, Bier in kleinen Mengen	Wasser, Kräuter- oder Früchtetee, verdünnter Gemüse- und Fruchtsaft

Kohlenhydratreiche Lebensmittel

Getreide:
Buchweizen, Gerste, Grünkern, Hafer, Dinkel, Hirse, Mais, Zuckermais, Reis, Wildreis, Roggen, Weizen

Brot:
alle Brotsorten und Brötchen, die aus Vollkornmehl oder frisch gemahlenem Getreide hergestellt werden

Gebäck:
alle Sorten, die aus Vollkornmehl oder frisch gemahlenem Getreide gebacken werden und mit Honig, Rohrzucker oder anderen alternativen Süßmitteln gesüßt sind; Gebäck sparsam genießen!

Kartoffeln und Teigwaren:
- Kartoffeln, Süßkartoffeln
- alle Sorten Vollkornnudeln, jedoch keine Eierteigwaren

Früchte:
Bananen, frische Datteln und Feigen, ungeschwefelte Trockenfrüchte, zum Beispiel Aprikosen, Bananen, Feigen, Rosinen, süße Äpfel

Zum Süßen:
Honig, Ahornsirup, Rohrzucker, Apfel- und Birnendicksaft, Zuckerrohrgranulat

Außerdem:
Edelkastanien (Maronen), Tapioka

Getränke zu Kohlenhydratmahlzeiten:
Wasser, Kaffee, schwarzer Tee, Vollmilch mit Karobpulver (Reformhaus), Kräutertee, Gemüsesäfte, Bier, Rotwein (1–2 Gläser)

Neutrale Lebensmittel

Gemüse und Kräuter:
- Knollengemüse: Kohlrabi, Möhren, Radieschen, Rettich, Rote Bete, Schwarzwurzeln, Sellerie, weiße Rüben usw.
- Blatt-, Stengel- und Blütengemüse: Artischocken, Bleichsellerie, Blumenkohl, Brokkoli, Chicorée, Chinakohl, Endiviensalat, Feldsalat, Fenchel, Grünkohl, Kopfsalat, Mangold, Lauch, Rosenkohl, Rotkohl, Sauerkraut, Spargel, Spinat, Weißkohl, Wirsing, Zwiebeln usw.
- Fruchtgemüse: Auberginen, grüne Bohnen, Gurken, Kürbis, Paprikaschoten, Tomaten, Zucchini usw.
- alle frischen oder getrockneten Kräuter, alle Sprossen

Pilze:
Birkenpilze, Butterpilze, Champignons, Egerlinge, Morcheln, Pfifferlinge, Rotkappen, Steinpilze, Trüffel

Milch und Milchprodukte:
Vollmilch, Vorzugsmilch, Stuten-, Schafs- und Ziegenmilch, Kondensmilch (alles vollfett und ungezuckert), Sahne, saure Sahne, Vollmilchjoghurt

Käse:
Käse (alle Sorten ab 45% i.Tr.): Bel Paese, Brie, Butterkäse, Camembert, Edamer, Edelpilzkäse, Emmentaler, Gorgonzola, Gouda, Gruyère, Mascarpone, Mozzarella, Parmesan, Provolone, Rahmfrischkäse, Roquefort, Taleggio

Nüsse, Kerne, Keime und Samen:
alle Nüsse wie Cashewkerne, Hasel-, Para-, Pekan- und Walnüsse, Mandeln, Pistazien
alle Kerne, wie Sonnenblumenkerne, Pinienkerne, Kürbiskerne
alle Keime und Samen, wie Weizenkeime, Sesamsamen

Gewürze:
alle Gewürze wie Pfeffer, Salz usw.
alle Gemüsepflanzen wie Knoblauch, Meerrettich usw.

Neutrale Lebensmittel

Öle und Fette:
Butter, ungehärtete und naturbelassene Fette; Margarine nur ausnahmsweise verwenden; alle naturbelassenen, kaltgepreßten Öle aus Samen und Keimen: Maiskeimöl, Olivenöl, Sesamöl, Sojaöl, Traubenkernöl, Walnußöl, Weizenkeimöl, Sonnenblumenöl

Außerdem:
Eigelb, Avocados, Oliven, Heidelbeeren

Neutrale Getränke:
Wasser, Kaffee, schwarzer Tee, Vollmilch, Kräutertee, verdünnter Gemüsesaft

Geliermittel:
Agar-Agar

Eiweißreiche Lebensmittel

Sojaprodukte:
Tofu und alle aus der Sojabohne hergestellten Produkte

Milch und Milchprodukte:
Milch (mager und teilentrahmt), Joghurt (mager und teilentrahmt), Quark (mager und teilentrahmt)

Käse:
alle Käsesorten bis zu 45 % Fett i.Tr.

Früchte:
- Kernobst: Äpfel, Birnen
- Steinobst: Aprikosen, Kirschen, Mirabellen, Pfirsiche, Pflaumen, Reineclauden
- Beeren: Brombeeren, Erdbeeren, Preiselbeeren, Stachelbeeren, Trauben
- Wildfrüchte: Hagebutten, Holunder, Sanddorn, Schlehen, Weißdorn
- Exotische Früchte: Ananas, Granatapfel, Kaki, Karambole, Kiwi, Kumquat, Litschi, Mango, Papaya, Passionsfrucht, Wassermelone, Zuckermelone
- Zitrusfrüchte: Orangen, Grapefruit, Limetten, Mandarinen, Zitronen

Außerdem:
ganze Eier, Eiweiß, Seitan (Weizeneiweiß)

Getränke zu Eiweißmahlzeiten:
Wasser, Kräuter- und Früchtetee, Gemüse- und Fruchtsäfte, Kaffee, schwarzer Tee, Wein, Sekt, Champagner

Frühstücken nach Trennkostregeln ist denkbar einfach und auch Süßes kann dabei sein: Ein Honig- oder Marmeladebrot wird zum gesunden Trenngenuß mit einem echten Vollkornbrot (das nicht grobkörnig sein muß!), aromatischer Butter und Honig oder einer Marmelade, die viel Fruchtsüße enthält.
Solche Marmeladen können Sie am besten in kleinen Mengen frisch zubereiten, wenn zum Beispiel Obstreste da sind.
Kochen Sie 250 g zerkleinerte reife, süße Früchte wie zum Beispiel Aprikosen etwa 5 Minuten mit 6 Eßlöffeln Apfel- oder Birnendicksaft auf und gelieren mit 1/2 Teelöffel angerührtem Agar-Agar (aus dem Reformhaus oder Bioladen) und füllen die Marmelade in kleine Schraubdeckelgläser. Sie können die Hälfte der frischen Früchte auch durch kleingeschnittene Trockenfrüchte ersetzen.
Diese Marmeladen schmecken frisch-fruchtig und lassen sich im Kühlschrank angebrochen 2–3 Wochen oder geschlossen 2–3 Monate aufbewahren.
Wenn Sie Appetit auf ein Ei haben, so essen Sie dies nicht zusammen mit Ihrem Brot, sondern genießen an einem anderen Tag ein komfortables Omelett oder Spiegelei, nach Belieben mit geriebenem Käse, Kräutern und reichlicher Rohkostbeilage.

Brot mit Marmelade

Zutaten für 2 Personen:
2 Scheiben Vollkornbrot
2 Teel. Butter
2 Teel. Marmelade

• Zubereitungszeit: etwa 5 Minuten

Die Brotscheiben mit der Butter und der Marmelade bestreichen.

Variante:
Statt Butter können Sie auch Frischkäse oder Sahnequark verwenden, Honig darf Marmelade ersetzen.

Brot mit Käse

Zutaten für 2 Personen:
2 Scheiben Vollkornbrot
60 g Weich- oder Schnittkäse (ab 45 % Fett i. Tr., zum Beispiel Bel Paese, Camembert oder Emmentaler)
8 Radieschen oder 2 Tomaten

• Zubereitungszeit: etwa 5 Minuten

1. Die Brotscheiben mit dem Käse belegen.

2. Die Radieschen oder die Tomaten waschen, in Scheiben schneiden und die Brote damit garnieren.

Brötchen mit Avocado

Zutaten für 2 Personen:
1 reife (weiche) Avocado
50 g Vollmilchjoghurt oder Crème fraîche
Pfeffer, frisch gemahlen · Salz
2 Scheiben Vollkornbrot oder 2 Vollkornbrötchen
2 Eßl. frische Kräuter (zum Beispiel Kresse, gehackter Schnittlauch oder Petersilie)

• Zubereitungszeit: etwa 10 Minuten

1. Die Avocado längs halbieren, vom Kern drehen und aus den Hälften das Fruchtfleisch mit einem kleinen Löffel auslösen.

2. Das Fruchtfleisch mit einer Gabel zerdrücken und mit dem Joghurt oder der Crème fraîche verrühren, mit Pfeffer und Salz würzen. Avocadocreme auf die Brotscheiben oder die Brötchenhälften streichen, mit den Kräutern bestreuen.

Variante:
Sie können die Avocado durch 100 g Frischkäse ersetzen.

Im Bild oben: Brot mit Marmelade
Im Bild Mitte: Brot mit Käse
Im Bild unten: Brötchen mit Avocado

Flockenmüsli

Zutaten für 2 Personen:
100 g Vollkornhaferflocken
200 g Vollmilchjoghurt
1 süßer, mürber Apfel
1 Eßl. ungeschwefelte Rosinen
1 Eßl. gehackte Mandeln

• Zubereitungszeit: etwa 5 Minuten

1. Die Haferflocken mit dem Joghurt vermischen. Den Apfel waschen, vierteln, Kerngehäuse entfernen und die Viertel mit der Schale in feine Scheibchen schneiden. Den Apfel zum Müsli geben.

2. Die Rosinen mit dem Müsli verrühren und die Nüsse darüber streuen.

Obstfrühstück mit Joghurt

Zutaten für 2 Personen:
400 g Obst (außer Bananen oder anderes sehr süßes Obst)
200 g Vollmilchjoghurt
1 Eßl. gehackte Mandeln oder andere Nüsse

• Zubereitungszeit: etwa 10 Minuten

1. Die Früchte je nach Sorte vorbereiten und kleinschneiden.

2. Die Früchte mit dem Joghurt verrühren und die Nüsse darüber streuen.

Dinkelmüsli

Zutaten für 2 Personen:
60 g Dinkelmehl
300 ml Milch · 1 Msp. Zimtpulver
2 mürbe, süße Äpfel · 1 Banane
2 Eßl. gehackte Mandeln oder Chufas-Nuß-Flocken (aus dem Reformhaus)

• Zubereitungszeit: etwa 30 Minuten (inkl. Quellzeit)

1. Das Mehl mit der Milch in einem kleinen Topf verrühren und mindestens 15 Minuten quellen lassen. Bei mittlerer Hitze und unter gelegentlichem Umrühren etwa 5 Minuten leicht kochen lassen.

2. Die Äpfel waschen, vierteln, Kerngehäuse entfernen und mit der Schale in feine Scheibchen oder Würfel schneiden und zum Dinkelbrei geben. Die Banane schälen und in Scheiben schneiden, ebenfalls dazugeben. Die Nüsse darüber streuen.

Variante:
Anstelle des Dinkels können Sie auch feine Haferflocken oder gemahlene Hirse nehmen. Die Banane können Sie durch 2 Eßlöffel Rosinen ersetzen.

Kräuter-omelett

Zutaten für 2 Personen:
2 Eier
2 Eßl. Petersilie oder Schnittlauch, frisch gehackt
2 Eßl. Hartkäse, frisch gerieben
Pfeffer, frisch gemahlen · Salz
2 Teel. Butter · 1 Bund Radieschen
1 Kästchen Kresse

• Zubereitungszeit: etwa 15 Minuten

1. Die Eier mit den Kräutern und dem Käse verquirlen und würzen.

2. In einer beschichteten Pfanne die Butter aufschäumen lassen, die Eimasse hineingießen und bei mittlerer Hitze mit aufgelegtem Deckel stocken lassen. Das Omelett in der Mitte teilen.

3. Die Radieschen waschen, putzen und in Scheiben schneiden. Die Kresse abschneiden, waschen, mit den Radieschen und dem Omelett auf Tellern anrichten.

Variante:
Statt Radieschen paßt auch sehr gut eine Avocado.

Im Bild von oben nach unten: Dinkelmüsli, Flockenmüsli, Obstfrühstück mit Joghurt, Kräuteromelett

Neutrale Snacks

Rohes Gemüse der Saison (zum Beispiel Möhren, Paprika, Kohlrabi, Sellerie)
Oliven
beliebige Nüsse
200 g Vollmilchjoghurt
200 ml Vollmilch
verdünnter Gemüsesaft
Wasser · Mineralwasser
Kräutertee

Diese neutralen Zwischenmahlzeiten passen immer, mit Ausnahme der rohen Gemüse, diese sollten wegen der Verträglichkeit nicht mehr nach 17 Uhr gegessen werden. Rohkost immer gründlich kauen.

Eiweiß-Zwischenmahlzeiten

saures Obst (zum Beipiel je 1 Apfel, Birne, Orange)
200 g Magermilch
200 g Buttermilch
1 Becher Magerjoghurt
1 Becher fettarmer Joghurt
200 ml Fruchtsaft ohne Zucker, 1:1 mit Wasser verdünnt

Diese Snacks passen vor oder nach Eiweißmahlzeiten, am besten am Vormittag. Am Nachmittag nach 17 Uhr und am Abend sollten Sie jedoch kein rohes Obst mehr essen, da dies nicht mehr ausreichend verdaut werden kann.

Kohlenhydrat-Zwischenmahlzeiten

1 Banane
2 Eßl. Rosinen
2 Eßl. beliebige Trockenfrüchte
2 Feigen oder Datteln
8-10 Mandeln oder Haselnüsse
1 Scheibe Vollkornbrot mit 1 Teel. Honig
1 Scheibe Vollkorn- oder Knäckebrot mit Butter und/oder Honig

Diese kleinen Pausenfüller passen vor oder nach einer Kohlenhydratmahlzeit, am besten jedoch am späten Nachmittag oder abends, da dies die optimale Zeit für Kohlenhydrate ist.

Getränke zum Frühstück

1–2 Tassen Kaffee oder schwarzer oder grüner Tee, nach Wunsch mit etwas Sahne verfeinert
1–2 Tassen Mate-Tee oder Kräutertee (Maishaartee), nach Belieben mit wenig Honig oder Vollrohrzucker gesüßt
200 ml Vollmilch, mit Carob oder Honig

Getränke zu Eiweißmahlzeiten

1 Glas Sekt, Weiß- oder Rotwein
verdünnter Gemüse- oder Obstsaft

Getränke zu Kohlenhydratmahlzeiten

1–2 Glas Bier
Malzbier
Matetee oder Kräutertee
1–2 Gläser Rotwein (gelegentlich)

Tip!

Die Snack- und Getränkeempfehlungen auf dieser Seite sind zur Wahl für eine Person.

Im Bild oben: Neutrale Snacks
Im Bild Mitte: Eiweiß-Zwischenmahlzeiten
Im Bild unten: Kohlenhydrat-Mahlzeiten

Salate sollen zusammen mit Gemüse und Obst etwa die Hälfte der gesamten Tageskost ausmachen.
Mit Salaten können Sie vorzüglich schlemmen und werden dank der magenfüllenden Ballaststoffe auch gleichzeitig gut satt. Planen Sie zum Mittagessen immer einen Rohkostsalat ein, denn tagsüber wird alles optimal verdaut. Zum Abendessen können Sie einen gedünsteten Gemüsesalat mit viel frischen Kräutern oder einen leicht verdaulichen Rohkostsalat auswählen, da abends die Verdauung schon auf Sparflamme läuft.
Als Beispiel für eigene Kreationen Ihrer Abendsalate steht der Gemüsesalat auf Seite 26. Sie werden überrascht sein, wie sensationell aromatisch Gemüse schmecken kann, wenn es nur kurz in einem aromatischen Öl angedünstet wird! Selbst Blattsalate eignen sich dafür.

Die Salatsauce wählen Sie einfach zu dem begleitenden Essen, mit Essig oder Zitrone oder Magerjoghurt paßt sie zu Eiweißmahlzeiten und ohne Essig und Zitrone, dafür mit sahnigen Milchprodukten zu den Kohlenhydratmahlzeiten.
Für die Kohlenhydrat-Salatsauce können Sie auch Molkosan verwenden. Molkosan ist Molkeflüssigkeit und in Fläschchen im Reformhaus erhältlich. Es schmeckt milchsäuerlich.

Eiweiß-Salatsauce

Zutaten für 2 Salatportionen:
2 Teel. Essig (Weiß- oder Rotweinessig) oder Zitronensaft
Kräutersalz oder Meersalz
bunte Pfeffermischung, frisch gemahlen
2 Eßl. kaltgepreßtes Öl (zum Beispiel Oliven-, Sonnenblumen- oder Traubenkernöl)
Nach Belieben:
1–2 Eßl. feingehackte Kräuter, frisch oder getrocknet
1 Eßl. Tomatenpüree
1 Teel. Senf · 1 Teel. Sojasauce
1 Knoblauchzehe, zerdrückt
1 kleine Zwiebel, fein geschnitten

Kohlenhydrat-Salatsauce

Zutaten für 2 Salatportionen:
1/2 Becher Vollmilchjoghurt , saure oder süße Sahne, Sahne-Dickmilch oder 1 Teel. Molkosan (Reformhaus)
Kräutersalz oder Meersalz
bunte Pfeffermischung, frisch gemahlen
2 Eßl. kaltgepreßtes Öl (zum Beispiel Oliven-, Sonnenblumen- oder Traubenkernöl)
Nach Belieben:
1–2 Eßl. feingehackte Kräuter, frisch oder getrocknet
1 Eßl. Tomatenpüree
1 Teel. Senf · 1 Teel. Sojasauce
1 Knoblauchzehe, zerdrückt
1 kleine Zwiebel, fein geschnitten

Feldsalat mit Orangen

Zutaten für 2 Personen:
100 g Feldsalat · 1 Orange
1 Eßl. Himbeeressig
2 Eßl. Walnuß- oder Sonnenblumenöl · Salz
1 Msp. rote Pfefferbeeren (ersatzweise Pfeffer, frisch gemahlen)
1 kleine Zwiebel

- Zubereitungszeit: etwa 30 Minuten

1. Den Feldsalat putzen, waschen und abtropfen lassen. Die Orange schälen und die weiße Haut entfernen. Das Fruchtfleisch in Spalten zerteilen. Die Spalten nach Wunsch häuten und in etwa 1 cm große Stücke schneiden.

2. Für die Sauce den Himbeeressig mit dem Öl, dem Salz, dem Pfeffer und der Zwiebel verrühren.

3. Den Feldsalat zusammen mit dem Obst auf Tellern verteilen und die Sauce darüber träufeln.

Variante:
Sie können die Orange durch einen Apfel ersetzen.

Im Bild oben: Feldsalat mit Orangen
Im Bild Mitte: Kohlenhydrat-Salatsauce
Im Bild unten: Eiweiß-Salatsauce

Frühling-Sommer-Salat

Zutaten für 2 Personen:
2–3 Eßl. Salatsauce für Eiweiß- oder Kohlenhydratmahlzeiten (s. S. 20)
1/4 Salatgurke
1/2 grüner Blattsalat (zum Beispiel Kopfsalat, Eichblatt oder Eissalat)
1/2 roter Blattsalat (zum Beispiel Lollo Rosso oder Radicchio)
1 Schälchen Kresse
2 Eßl. Petersilie oder Schnittlauch, frisch geschnitten

- Zubereitungszeit: etwa 30 Minuten

1. Die Salatsauce zubereiten und in eine Schüssel geben. Die Gurke waschen und putzen, in dünne Scheiben hobeln, zur Salatsauce geben und verrühren.

2. Die Blattsalate putzen, unzerkleinert waschen und abtropfen lassen. Die Kresse waschen, abschneiden und abtropfen lassen. Die Salatblätter in mundgerechte Stücke zerpflücken und in die Schüssel geben. Die Kräuter darüber streuen und alles vermischen. Die Kresse locker auf dem Salat in der Schüssel verteilen.

Variante:
Einige in Scheiben gehobelte Radieschen sind eine leckere Ergänzung für den Salat.

Herbst-Winter-Salat

Zutaten für 2 Personen:
2–3 Eßl. Salatsauce für Eiweiß- oder Kohlenhydratmahlzeiten (s. S. 20)
1 Knoblauchzehe
1 Möhre · 1 Stange Staudensellerie
1 Radicchio
1 kleine Lauchstange

- Zubereitungszeit: etwa 30 Minuten

1. In die Salatsauce den geschälten, durchgepreßten Knoblauch geben. Die Möhre waschen, bürsten oder schälen und in dünne Scheiben oder Stifte schneiden. Den Sellerie waschen, Fäden abziehen. Sellerie in 5 mm feine Scheiben schneiden. Das Gemüse zusammen mit der Salatsauce in eine Schüssel geben.

2. Den Radicchio putzen, waschen und abtropfen lassen. Den Salat in fingerdicke Streifen schneiden.

3. Den Lauch putzen, waschen und in feine Streifchen schneiden. Alle Zutaten in die Schüssel geben und vermischen.

Variante:
Statt mit Radicchio können Sie den Salat auch mit Endivien zubereiten.

Kohlrabi-Radieschen-Salat

Zutaten für 2 Personen:
2 kleine oder 1 großer Kohlrabi
1 Bund Radieschen
1 Eßl. Gomasio (Sesamsalz, aus dem Reformhaus oder Bioladen)
Salz
Pfeffer, frisch gemahlen
2 Eßl. Crème fraîche
1 Teel. Essig (für Eiweißkombination) oder 1 Teel. Molkosan (für Kohlenhydratkombination) nach Belieben
4 Eßl. Sonnenblumenkerne
1 Eßl. Schnittlauch, frisch geschnitten

- Zubereitungszeit: etwa 30 Minuten

1. Die Kohlrabi schälen und in eine Schüssel fein raspeln. Die Radieschen waschen und putzen, in feine Scheiben schneiden und dazugeben.

2. Mit dem Gomasio, wenig Salz und Pfeffer würzen. Die Crème fraîche einrühren. Nach Belieben mit Essig oder Molkosan säuern.

3. Die Sonnenblumenkerne in einer trockenen Pfanne unter ständigem Rühren goldbraun rösten und mit dem Schnittlauch über den Salat streuen.

Im Bild oben: Frühling-Sommer-Salat
Im Bild Mitte: Herbst-Winter-Salat
Im Bild unten: Kohlrabi-Radieschen-Salat

Chicoréesalat mit Nüssen

Zutaten für 2 Personen:
2 Stauden Chicorée (etwa 300 g)
2 Mandarinen
1 säuerlicher, roter Apfel
1 Schälchen Kresse
1–2 Teel. Zitronensaft
2 Eßl. Crème fraîche · Kräutersalz
2 Eßl. Walnußkerne, grob gehackt (ersatzweise andere Nüsse)

• Zubereitungszeit: etwa 30 Minuten

1. Die Chicoréestauden putzen, waschen, dabei mit der Spitze nach oben unter den Wasserstrahl halten. Die Stauden längs halbieren und nach Belieben den bitteren Strunk keilförmig herausschneiden. Den Chicorée in Streifen schneiden und in eine Schüssel geben.

2. Die Mandarinen schälen und in Spalten zerteilen. Den Apfel waschen, vierteln, entkernen, in dünne Scheibchen schneiden und mit der Mandarine zum Chicorée geben. Die Kresse abschneiden und waschen.

3. Den Zitronensaft mit der Crème fraîche und dem Salz verrühren, über die Zutaten gießen und vermischen.

4. Die Nußkerne und die Hälfte der Kresse untermischen, den Rest der Kresse darüber streuen.

Variante:
Wenn Sie diesen Salat zu einer Kohlenhydratmahlzeit servieren, dann nehmen Sie statt Mandarine und saurem Apfel eine Banane und einen gelagerten, mürben, süßen Apfel. Statt Zitronensaft dann 1 Eßlöffel Joghurt oder Sauermilch verwenden.

Rote-Bete-Salat

Zutaten für 2 Personen:
1 mittelgroße rote Bete (etwa 200 g)
1 säuerlicher Apfel
1 Teel. Zitronensaft
Kräutersalz
2 Eßl. Sonnenblumenöl
2 Eßl. Sesamsamen oder Gomasio (Sesamsalz, aus dem Reformhaus)

• Zubereitungszeit: etwa 30 Minuten

1. Die rote Bete waschen, schälen und feinraspeln. Den Apfel waschen und mit der Schale dazuraspeln.

2. Den Zitronensaft, wenig Kräutersalz, das Öl und die Sesamsamen oder das Gomasio dazugeben und vermischen.

Kohlenhydrat-Variante:
Nehmen Sie statt des sauren Apfels einen gelagerten, mürben, süßen Apfel und statt Zitrone Molkosan aus dem Reformhaus.

Weißkohlsalat mit Oliven

Zutaten für 2 Personen:
250 g Weißkohl · 1 kleine Stange Lauch · 3 Eßl. Olivenöl, kaltgepreßt
2 Eßl. schwarze Oliven ohne Steine
Pfeffer, frisch gemahlen · Salz
1 Eßl. Schnittlauch, frisch geschnitten
1 Teel. milder Essig (für Eiweißkombination) oder Molkosan (für Kohlenhydratkombination)

• Zubereitungszeit: etwa 30 Minuten

1. Den Weißkohl putzen, waschen und sehr fein hobeln. Den Lauch waschen und in feine Streifen schneiden. In einer großen Pfanne 1 Eßlöffel vom Öl erhitzen und die Kohlstreifen bei mittlerer Hitze unter Rühren etwa 5 Minuten andünsten. Dann die Lauchstreifen dazugeben und etwa 3 Minuten weiterdünsten.

2. Das gebratene Gemüse in eine Schüssel geben. Die Oliven halbieren und dazugeben. Mit Pfeffer und Salz würzen, den Schnittlauch, das Olivenöl und nach Belieben Essig oder Molkosan daruntermischen. Der Salat schmeckt lauwarm am besten.

Im Bild oben:
Weißkohlsalat mit Oliven
Im Bild Mitte: Rote-Bete-Salat
Im Bild unten:
Chicoréesalat mit Nüssen

Grünkern-Gemüse-Salat

Zutaten für 2 Personen:
1/4 Gemüsebrühwürfel
1/4 Teel. Currypulver
100 g Grünkern
150 g grüne Bohnen
1 kleine Stange Lauch
1 Knoblauchzehe, gepreßt
1 Tomate
10 schwarze Oliven, entsteint und feingeschnitten · 1 Eßl. Kapern
1/2 Becher Joghurt
2 Eßl. Olivenöl, kaltgepreßt
1 Bund Schnittlauch · Kräutersalz
Pfeffer, frisch gemahlen

• Zubereitungszeit: etwa 60 Minuten

1. 1/4 l Wasser mit dem Brühwürfel und dem Curry aufkochen lassen. Den Grünkern darin bei schwacher Hitze 30–35 Minuten ausquellen lassen.

2. Inzwischen die Bohnen waschen, putzen und in Stükke brechen. Den Lauch putzen, waschen und in feine Ringe schneiden. Nach etwa 30 Minuten die Bohnen zu dem Grünkern geben und weitere 15–20 Minuten mitgaren lassen. Den Lauch und die Knoblauchzehe dazugeben und noch 5 Minuten ziehen lassen.

3. Grünkern in eine Schüssel geben. Leicht abkühlen lassen. Die Tomate waschen, fein würfeln und dazugeben. Die Oliven, die Kapern, den Joghurt, das Öl und den Schnittlauch einrühren. Den Salat mit Salz und Pfeffer abschmecken.

Kartoffelsalat mit Parmesan

Zutaten für 2 Personen:
500 g festkochende Kartoffeln
50 g Champignons
1/2 Gemüsebrühwürfel
2–3 Eßl. Olivenöl, kaltgepreßt
Pfeffer, frisch gemahlen
Salz · 50 g Parmesan
1 Eßl. Schnittlauch oder Rucola, frisch geschnitten

• Zubereitungszeit: etwa 30 Minuten

1. Die Kartoffeln waschen, in wenig Wasser oder im Dampf kochen, dann pellen.

2. Inzwischen die Pilze putzen, in feine Scheiben schneiden und in eine Schüssel geben. Etwa eine halbe Tasse Wasser mit der Gemüsebrühe zum Kochen bringen und über die Pilze gießen. Das Olivenöl, Pfeffer und Salz einrühren.

3. Die Kartoffeln in feine Scheiben schneiden, mit den Pilzen vermischen.

4. Den Parmesan fein hobeln und mit den Kräutern vorsichtig untermengen. Der Kartoffelsalat schmeckt lauwarm, aber auch abgekühlt.

Gemüsesalat

Zutaten für 2 Personen:
500 g Gemüse der Saison (zum Beispiel Möhren, Brokkoli, Blumenkohl, grüne Erbsen, Sellerie, Fenchel, Lauch)
2–3 Eßl. Olivenöl, kaltgepreßt
Pfeffer, frisch gemahlen · Salz
1 Eßl. Schnittlauch oder Petersilie, frisch geschnitten
1 Teel. milder Essig (für Eiweißkombination) oder Molkosan (für Kohlenhydratkombination)

• Zubereitungszeit: etwa 30 Minuten

1. Die Gemüse vorbereiten und in sehr dünne Scheiben, Streifen oder kleine Röschen zerteilen. In einer Pfanne 1 Eßlöffel des Öls erhitzen, das Gemüse hineingeben, 1 Tasse Wasser angießen und zugedeckt bei mittlerer Hitze, je nach Sorte etwa 5–10 Minuten nicht zu weich dünsten.

2. Das Gemüse in eine Schüssel geben. Mit Pfeffer und Salz würzen, den Schnittlauch, das Olivenöl und nach Belieben Essig oder Molkosan dazugeben. Der Salat schmeckt lauwarm und kalt.

Im Bild oben: Gemüsesalat
Im Bild Mitte: Kartoffelsalat mit Parmesan
Im Bild unten: Grünkern-Gemüse-Salat

Lauch-Hirse-Suppe

Zutaten für 2 Personen:
50 g Hirse
1 Eßl. Olivenöl, kaltgepreßt
1 Stange Lauch
50 g Sahne
2 Eßl. Hefeflocken
1 Gemüsebrühwürfel
1 Prise Curry
Pfeffer, frisch gemahlen
Salz
1 Bund Schnittlauch

- Zubereitungszeit: etwa 30 Minuten

1. Die Hirse in einem Sieb heiß abspülen. In einem Topf das Öl erhitzen und die Hirse 3–4 Minuten darin leicht anrösten.

2. 750 ml Wasser aufgießen und die Hirse bei mittlerer Hitze 15–20 Minuten leicht köcheln lassen, bis sie aufgequollen ist.

3. Den Lauch putzen, längs durchschneiden, waschen und in feine Streifen schneiden.

4. Den Lauch und die Sahne in die Suppe einrühren und mit den Hefeflocken, der Gemüsebrühe, Curry, Pfeffer und Salz würzen und abschmecken. Den Schnittlauch waschen, in Röllchen schneiden und darüber streuen.

Dinkelcremesuppe

Zutaten für 2 Personen:
40 g Dinkelmehl
1 Stück Staudensellerie
1 Möhre
1 Frühlingszwiebel
1/2 Bund glatte Petersilie
Pfeffer, frisch gemahlen · Salz
Muskatnuß, frisch gerieben
50 g Sahne

- Zubereitungszeit: etwa 30 Minuten

1. Den Dinkel in einem Topf bei mittlerer Hitze etwa 5 Minuten trocken rösten, bis er würzig duftet. Dann sofort 750 ml Wasser aufgießen und etwa 10 Minuten leicht köcheln lassen.

2. Inzwischen die Selleriestange und die Möhre waschen, putzen, in sehr feine Scheiben schneiden und in die Suppe geben.

3. Die Frühlingszwiebel längs durchschneiden, waschen und in feine Streifen schneiden. Die Petersilie waschen und fein hacken.

4. Die Suppe mit der Gemüsebrühe, Pfeffer, Salz und Muskat würzen.

5. Die Sahne, den Lauch und die Petersilie einrühren. Die Suppe noch 2–3 Minuten leicht köcheln lassen und abschmecken.

Möhrensuppe

Zutaten für 2 Personen:
250 g Möhren
1 Eßl. Olivenöl, kaltgepreßt
1/4 l Gemüsebrühe
1 Eßl. Dinkelmehl (ersatzweise Weizenvollkornmehl)
50 g Sahne · 2 Eßl. Hefeflocken
1 Prise Curry
Pfeffer, frisch gemahlen · Salz
einige Thymianblättchen

- Zubereitungszeit: etwa 20 Minuten

1. Die Möhren waschen, bürsten oder schälen und mittelgrob raspeln. Das Öl erhitzen und die Möhren darin etwa 2 Minuten andünsten. Mit der Brühe zugedeckt etwa 10 Minuten köcheln lassen.

2. Das Dinkelmehl mit 75 ml kaltem Wasser verrühren und unter Rühren in die Suppe geben. Die Sahne, die Hefeflocken und die Gewürze dazugeben. Die Suppe mit einem Mixstab pürieren. Nach Belieben noch etwas Wasser dazugeben, mit dem Thymian bestreut servieren.

Variante:
Diese Suppe, etwas dickflüssiger eingekocht, paßt auch gut als Sauce zu Kohlenhydratgerichten.

Im Bild oben: Lauch-Hirse-Suppe
Im Bild Mitte: Dinkelcremesuppe
Im Bild unten: Möhrensuppe

Auberginen-Bohnen-Topf

Zutaten für 2 Personen:
1 Zwiebel · 1 Knoblauchzehe
1 große Aubergine
250 g grüne Bohnen
3 Eßl. Olivenöl, kaltgepreßt
1 Teel. Sojasauce
1 Teel. Bohnenkraut, frisch oder getrocknet
Pfeffer, frisch gemahlen · Salz
1/2 Bund Petersilie · 1 Eßl. Butter

• Zubereitungszeit: etwa 40 Minuten

1. Die Zwiebel und den Knoblauch schälen und fein würfeln. Die Aubergine putzen, waschen und in 1–2 cm große Würfel schneiden. Die Bohnen putzen, waschen und grob brechen.

2. Das Öl erhitzen und Zwiebel und Knoblauch goldbraun anrösten. Die Auberginenwürfel dazugeben und 2–3 Minuten anbraten. Die Bohnen dazugeben und mit 150 ml Wasser aufgießen.

3. Die Suppe mit der Sojasauce, dem Bohnenkraut, Pfeffer und Salz würzen und etwa 15 Minuten leicht köcheln lassen.

4. Die Petersilie waschen und hacken, mit der Butter in die Suppe rühren und abschmecken.

Kartoffelsuppe

Zutaten für 2 Personen:
300 g mehlig-festkochende Kartoffeln · 1 Zwiebel
2 Eßl. Dinkelvollkornmehl (ersatzweise Weizenvollkornmehl)
1 kleine Lauchstange
1 Knoblauchzehe
1 Msp. Muskatnuß, frisch gerieben
1 Msp. Curry · 2 Eßl. Hefeflocken
Pfeffer, frisch gemahlen · Salz
50 g Butter · 1/2 Bund Petersilie oder Schnittlauch

• Zubereitungszeit: etwa 45 Minuten

1. In einem Topf 750 ml Wasser zum Kochen bringen. Inzwischen die Kartoffeln schälen und in feine Streifen hobeln, im Wasser bei mittlerer Hitze köcheln lassen.

2. Die Zwiebel schälen, fein würfeln und dazugeben. Das Dinkelmehl mit 2 Eßlöffel kaltem Wasser anrühren und einrühren. Die Suppe unter gelegentlichem Umrühren etwa 15 Minuten weiterköcheln lassen.

3. Inzwischen den Lauch putzen, gründlich waschen und in Ringe schneiden. Die Knoblauchzehe schälen, durchpressen und mit dem Lauch in die Suppe geben. Mit Muskat, Curry, Hefeflocken, Pfeffer und Salz würzen. Die Butter und die Kräuter einrühren.

Gemüsebrühe mit Eierflädle

Zutaten für 2 Personen:
1 Ei
1 Bund Schnittlauch oder Petersilie
Pfeffer, frisch gemahlen · Salz
1 Eßl. Butter
1–2 Gemüsebrühwürfel

• Zubereitungszeit: etwa 10 Minuten

1. Das Ei in einer Schüssel verquirlen. Die Kräuter waschen, fein schneiden und dazugeben. Mit Pfeffer und Salz würzen.

2. In einer Pfanne die Butter aufschäumen lassen. Die Eimasse hineingießen und stocken lassen.

3. Inzwischen in einem Topf 1/2 l Wasser zum Kochen bringen und mit den Brühwürfeln kräftig würzen.

4. Das Omelett auf ein Brett gleiten lassen, aufrollen, in feine Streifen schneiden und in die Suppe geben.

Variante:
In die Flädle paßt auch sehr gut frischer, blanchierter und gehackter Spinat.

Im Bild oben: Kartoffelsuppe
Im Bild Mitte: Gemüsebrühe mit Eierflädle
Im Bild unten: Auberginen-Bohnen-Topf

Brokkoli-Fenchel-Toast

Zutaten für 2 Personen:
500 g Brokkoli
250 g Fenchel
2–3 Eßl. Oliven- oder Traubenkernöl
Pfeffer, frisch gemahlen · Salz
100 g Taleggio (italienischer Weichkäse, ersatzweise Butterkäse)
2 Eßl. Petersilie, frisch gehackt
2 Scheiben Vollkorntoast

- Zubereitungszeit: etwa 30 Minuten

1. Das Gemüse putzen und waschen. Den Brokkoli in mittelgroße Röschen zerteilen und diese längs halbieren. Dicke Strunkteile schälen und grob würfeln. Den Fenchel in sehr feine Streifen hobeln.

2. In einer großen Pfanne 1–2 Eßlöffel des Öls erhitzen, zuerst den Fenchel und die geschnittenen Strunkstücke, 2–3 Minuten später die Röschen dazugeben, unter Rühren anbraten. Etwa 75 ml Wasser angießen und alles zugedeckt bei schwacher Hitze etwa 10 Minuten weiterdünsten.

3. Mit Pfeffer und Salz würzen. Den Käse in Scheibchen schneiden, diese auf dem Gemüse verteilen und bei aufgelegtem Deckel 2–3 Minuten auf der abgeschalteten Platte stehen lassen, bis der Käse zerlaufen ist. Das restliche Öl darüber träufeln.

4. Das Brot toasten und auf die Teller legen. Das Gemüse in Portionen auf die Brotscheiben setzen, die Petersilie darüber streuen und sofort servieren.

Eiweiß-Variante:
1 verquirltes Ei über das Gemüse gießen und stocken lassen, dafür das Brot weglassen.

Tip!

Dieses schnell bereitete Pfannengemüse schmeckt auch mit anderem Saisongemüse sehr gut und paßt wunderbar als Beilage zu Kartoffeln und Getreide.

Rosenkohlpfanne

Zutaten für 2 Personen:
500 g Rosenkohl
1 kleine Zwiebel
50 g Butter
2-3 Eßl. Crème fraîche
Salz · Pfeffer, frisch gemahlen
Muskatnuß, frisch gerieben
50 g Parmesan, frisch gerieben
50 g Walnußkerne, grob gehackt
1 Eßl. Petersilie, frisch gehackt

- Zubereitungszeit: etwa 30 Minuten

1. Den Rosenkohl waschen und putzen, dabei den Strunk kreuzweise einschneiden. Die Zwiebel schälen und fein würfeln.

2. In einer Pfanne die Butter erhitzen und die Zwiebeln darin goldbraun braten. Den Rosenkohl dazugeben, kurz andünsten und 1/4 l Wasser angießen. Den Deckel auflegen und alles zugedeckt bei mittlerer Hitze in 5–10 Minuten noch bißfest garen.

3. Die Pfanne von der Platte nehmen und die Crème fraîche, Salz, Pfeffer und Muskat einrühren. Den Rosenkohl abschmecken, mit dem Parmesan, den Nüssen und der Petersilie bestreuen und servieren.

Tip!

Dieses neutrale Wintergericht schmeckt als Mittag- und Abendessen. Mit Tofuwürfeln oder Rührei wird die Rosenkohlpfanne zur feinen Eiweißmahlzeit, Reis verwandelt sie in ein Kohlenhydratgericht.

Im Bild oben: Rosenkohlpfanne
Im Bild unten: Brokkoli-Fenchel-Toast

Safranwirsing mit Tofu

Zutaten für 2 Personen:
500 g Wirsing
1 kleine Zwiebel
200 g Räuchertofu
50 g Butter oder 3 Eßl. Traubenkernöl
1 Briefchen Safran
Salz · Pfeffer, frisch gemahlen
1/2 Teel. gekörnte Gemüsebrühe
2 Eßl. Petersilie, frisch gehackt

- Zubereitungszeit: etwa 30 Minuten

1. Den Wirsing putzen, waschen, halbieren und den Strunk keilförmig ausschneiden. Den Wirsing in feine Streifen scheiden. Die Zwiebel schälen und fein würfeln. Den Tofu in Scheiben schneiden.

2. In einer Pfanne die Butter oder das Öl erhitzen und die Zwiebeln darin goldbraun mitbraten. Die Wirsingstreifen und den Tofu dazugeben, kurz andünsten und 125 ml Wasser angießen.

3. Den Safran einrühren und den Wirsing zugedeckt etwa 10 Minuten dünsten.

4. Mit Salz, Pfeffer und der Gemüsebrühe abschmecken. Die Petersilie einrühren und servieren.

Kohlenhydrat-Variante:
Ohne Tofu paßt der Wirsing zu Nudeln oder Basmatireis.

Rote-Bete-Gemüse

Zutaten für 2 Personen:
2 große rote Bete (etwa 400 g)
2 Eßl. Olivenöl, kaltgepreßt
1 Eßl. Rosmarinnadeln
1 kleine Lauchstange
Kräutersalz
Pfeffer, frisch gemahlen
2 Eßl. Gomasio (aus dem Reformhaus oder Bioladen)
2 Eßl. beliebige Kräuter, frisch gehackt

- Zubereitungszeit: etwa 30 Minuten

1. Die rote Bete waschen, schälen, halbieren und in sehr feine Scheiben hobeln. Das Öl erhitzen, die rote Bete und den Rosmarin unter Rühren andünsten, dann bei geschlossenem Deckel, nach Belieben unter Zugabe von 1/2 Tasse Wasser, bei mittlerer Hitze noch etwa 15 Minuten dünsten.

2. Inzwischen den Lauch putzen und gründlich waschen. Den Lauch in feine Streifen schneiden. Lauchstreifen zur roten Bete geben und zusammen noch etwa 4 Minuten unter gelegentlichem Rühren dünsten, dabei mit dem Salz und dem Pfeffer würzen. Das Gemüse mit dem Gomasio und den Kräutern bestreut servieren.

Erbsencurry

Zutaten für 2 Personen:
1/2 Blumenkohl
2 Eßl. Traubenkernöl
100 g Tofu, geräuchert oder neutral · 150 g Erbsen, tiefgekühlt
125 g Crème fraîche
1 Teel. Curry
Pfeffer, frisch gemahlen · Salz
50 g Cashewkerne
2 Eßl. Kresse

- Zubereitungszeit: etwa 30 Minuten

1. Den Blumenkohl putzen, waschen und in Röschen zerteilen. In einer Pfanne das Öl erhitzen, den Kohl dazugeben, kurz andünsten, mit 1 Tasse Wasser aufgießen und zugedeckt, etwa 10 Minuten dünsten lassen.

2. Den Tofu in Streifen schneiden und in einer beschichteten Pfanne in dem restlichen Öl 2–3 Minuten anbraten. Die Erbsen dazugeben und 3–4 Minuten leicht köcheln lassen. Die Crème fraîche und den Blumenkohl zum Tofu geben und würzen. Die Gewürze einrühren und abschmecken. Die Cashewkerne trocken rösten und mit der Kresse über das Curry streuen.

Im Bild oben: Safranwirsing
Im Bild Mitte: Rote-Bete-Gemüse
Im Bild unten: Erbsencurry

Wirsing-röllchen

Zutaten für 2 Personen:
500 g Wirsing
1 kleine Zwiebel
Salz
50 g Butter oder 3 Eßl. Traubenkernöl
1 Prise Safran
Pfeffer, frisch gemahlen
1/2 Teel. gekörnte Gemüsebrühe
2 Eßl. Walnußkerne, grob gehackt
1 Eßl. Gomasio (Sesamsalz, aus dem Reformhaus oder Bioladen)
2 Eßl. Petersilie, frisch gehackt
50 g Parmesan, frisch gerieben
1 Ei
1 Eßl. Olivenöl, kaltgepreßt
20 g Sahne

- Zubereitungszeit: etwa 1 Stunde

1. Den Wirsing putzen, 4 große Wirsingblätter vorsichtig abtrennen. Den restlichen Wirsing halbieren, den Strunk keilförmig ausschneiden und den Wirsing in feine Streifen schneiden. Die Zwiebel schälen und fein würfeln.

2. In einem Topf etwa 1 l Wasser mit etwas Salz zum Kochen bringen und die ganzen Wirsingblätter darin 2–3 Minuten blanchieren. Dann herausnehmen und auf die Arbeitsfläche legen.

3. Für die Füllung in einer Pfanne die Butter oder das Öl erhitzen und die Zwiebeln darin goldbraun braten. Die Wirsingstreifen dazugeben und unter Zugabe von 1/2 – 1 Tasse Gemüsewasser kurz andünsten, bis sie etwas zusammengefallen sind.

4. Mit dem Safran, dem Salz, dem Pfeffer und der Gemüsebrühe würzen. Die Walnüsse, das Gomasio, die Petersilie, den Käse und das Ei mit dem Wirsing vermischen und abschmecken.

5. Die Füllung auf die Blätter setzen, einrollen und die Röllchen mit einem Bindfaden oder einer Rouladennadel verschließen.

6. In einem Topf etwas Olivenöl erhitzen, die Rouladen darin anbraten, mit 1–2 Tassen Gemüsewasser aufgießen und zugedeckt etwa 20 Minuten dünsten lassen. Die Sauce mit der Sahne verfeinern und abschmecken

Tip!

Wenn es schnell gehen soll, backen Sie aus der Füllung einfach kleine Küchlein aus.

Kohlenhydrat-Variante:
Verwenden Sie für die Füllung nur 2 Eigelbe und 50 g Dinkelmehl.

Tomaten-sauce

Zutaten für 2 Personen:
500 g vollreife Tomaten (ersatzweise 1 kleine Dose Tomaten oder 1 Packung Tomatenpüree)
Pfeffer, frisch gemahlen
1 Zwiebel · 1 Knoblauchzehe
5 Eßl. Olivenöl, kaltgepreßt
Salz
1/2 Bund glatte Petersilie
50 g Sahne nach Belieben

- Zubereitungszeit: etwa 30 Minuten

1. Tomaten mit kochendem Wasser überbrühen und häuten. Das Fruchtfleisch würfeln, dabei den Strunk entfernen.

2. Die Zwiebel und die Knoblauchzehe schälen und fein würfeln. Die Hälfte des Öls erhitzen und Zwiebel und Knoblauch darin leicht anbräunen.

3. Das Tomatenfruchtfleisch zu den Zwiebeln geben und etwa 10 Minuten leicht köcheln und dabei eindicken lassen. Die Sauce würzen. Die Petersilie waschen, hacken und mit dem restlichen Olivenöl und nach Belieben der Sahne einrühren.

Im Bild oben: Tomatensauce
Im Bild unten: Wirsingröllchen, Kohlenhydrat-Variante

Comtesse
Traubenkernöl

Lauchomelett

Zutaten für 2 Personen:
150 g Lauch
2 Eßl. gemischte Kräuter
2 Eßl. Oliven- oder Traubenkernöl
2 Eier · 2 Eßl. Sahne
2 Eßl. Gomasio (Sesamsalz, aus dem Reformhaus oder Bioladen)
2 Eßl. beliebiger Käse, frisch gerieben
Pfeffer, frisch gemahlen
Salz

• Zubereitungszeit: etwa 20 Minuten

1. Den Lauch putzen, waschen und in feine Streifen schneiden. Die Kräuter fein hacken.

2. In einer beschichteten Pfanne das Öl erhitzen, den Lauch dazugeben und 1–2 Minuten anbraten.

3. Die Eier mit der Sahne, dem Gomasio, dem Käse, den Kräutern und den Gewürzen verrühren und über das Gemüse gießen. Das Omelett zugedeckt bei mittlerer Hitze stocken lassen.

Kohlenhydrat-Variante:
Nehmen Sie anstelle der 2 ganzen Eier 2 Eigelbe und zusätzlich 2 Teelöffel Vollkornmehl oder gekochtes Getreide. Statt Lauch schmecken auch Zucchini, Möhren, Kohlrabi – am besten in feine Streifen schneiden.

Gefüllte Auberginen

Zutaten für 2 Personen:
2 mittelgroße Auberginen
2 Tomaten · 1 kleine Zwiebel
1 Knoblauchzehe
2 Eßl. Olivenöl, kaltgepreßt
50 g Mozzarella, kleingewürfelt
2 Eßl. Parmesan, frisch gerieben
Pfeffer, frisch gemahlen · Salz
1/2 Bund glatte Petersilie
2 Eßl. Pinienkerne

• Zubereitungszeit: etwa 1 Stunde

1. Die Auberginen putzen, waschen und längs halbieren. In einer Pfanne etwa 1/4 l Wasser zum Kochen bringen. Auberginen mit der Schnittseite nach oben hineinlegen und zugedeckt etwa 10 Minuten garen. Die Tomaten waschen, die Haut anritzen und für 3–4 Minuten zu den Auberginen legen. Auberginen und Tomaten aus der Pfanne nehmen, leicht abkühlen lassen.

2. Die Tomaten häuten, Fruchtfleisch würfeln. Die Auberginen mit einem Löffel aushöhlen, dabei einen etwa 1/2 cm breiten Rand stehen lassen.

3. Die Zwiebel und die Knoblauchzehe schälen und feinwürfeln. In einem Topf das Öl erhitzen. Die Zwiebel und den Knoblauch darin leicht anbräunen. Das Auberginen-Fruchtfleisch dazugeben und 2–3 Minuten anbraten.

4. Die gewürfelten Tomaten dazugeben und alles in 3–4 Minuten etwas einkochen, dann leicht abkühlen lassen.

5. Den Mozzarella und Parmesan einrühren. Mit Salz und Pfeffer würzen. Die Petersilie waschen, fein hacken und bis auf einen kleinen Rest einrühren.

6. Die Auberginenhälften in eine Auflaufform setzen. Die Masse in die Auberginen füllen und glattstreichen. Etwa 1 Tasse Wasser angießen. Die Auberginen im Backofen (200°, Mitte, Umluft 180°) 20–30 Minuten gratinieren.

7. Die Pinienkerne in einer trockenen Pfanne in etwa 3 Minuten goldbraun rösten. Pinienkerne und die restliche Petersilie über die Auberginen streuen.

Variante:
Ersetzen Sie die Auberginen durch Zucchini, die Sie nur 5 Minuten vorgaren müssen.

Eiweiß-Variante:
100 g Tofuwürfel, 1 verquirltes Ei oder 100 g Magerquark für die Füllung verwenden.

Kohlenhydrat-Variante:
Mit Reis oder Kartoffeln als Beilage servieren.

Im Bild oben: Lauchomelett
Im Bild unten: Gefüllte Auberginen

Südlicher Gemüsetopf

Zutaten für 2 Portionen:
1 Aubergine
Salz
125 g Zwiebeln, rot oder weiß
1 Zucchino
4 Eßl. Olivenöl, kaltgepreßt
2 Tomaten
1 Eßl. Kapern
1 Knoblauchzehe
1 rote oder gelbe Paprikaschote
Pfeffer, frisch gemahlen
2–3 Eßl. glatte Petersilie oder Basilikum, frisch gehackt
2 Eßl. Pinienkerne nach Belieben

- Zubereitungszeit : etwa 40 Minuten

1. Die Auberginen putzen, waschen und längs in fingerdicke Scheiben schneiden. Auberginenscheiben salzen, aufeinanderlegen und etwa 15 Minuten ziehen lassen.

2. Inzwischen die Zwiebeln schälen, halbieren und in feine Streifen schneiden. Den Zucchino waschen, putzen und in Scheiben schneiden.

3. Die Hälfte des Öls in einer Pfanne erhitzen. Die Zwiebeln darin etwa 5 Minuten hellbraun andünsten.

4. Die Auberginenscheiben mit einem Küchentuch abtupfen und in 1 cm große Würfel schneiden. Zu den Zwiebeln dazugeben und etwa 5 Minuten anbraten. Die Zucchini dazugeben, 1 Tasse Wasser aufgießen und das Gemüse bei niedriger Hitze zugedeckt in etwa 5 Minuten nicht ganz weich dünsten. Die Tomaten für etwa 3 Minuten auf das Gemüse setzen, damit sich die Haut abziehen läßt.

5. Die Tomaten herausnehmen, häuten, dann würfeln, dabei den Strunkansatz entfernen. Die Tomaten und die Kapern dazugeben. Die Knoblauchzehe schälen, fein hacken und dazugeben. Die Paprikaschote waschen, putzen und in feine Streifen schneiden und mit dem Gemüse etwa 5 Minuten leicht einkochen lassen.

6. Das Gemüse würzen und die Kräuter untermischen. Die Pinienkerne in einer trockenen Pfanne in etwa 3 Minuten goldbraun rösten und mit dem Gemüse vermischen.

Tips!

- Der Gemüsetopf schmeckt warm oder kalt, als Vorspeise oder als Beilage.

- Sie können auch gleich die doppelte Menge zubereiten und die Hälfte warm servieren und den Rest mit etwas Balsamicoessig als Gemüsesalat anmachen.

Gemüse-schnitzel

Zutaten für 2 Personen:
2 kleine Auberginen
Salz · 1 Ei
40 g Parmesan, frisch gerieben
40 g geriebene Haselnüsse
4 Eßl. Petersilie, frisch gehackt
6 Eßl. Traubenkernöl

- Zubereitungszeit: etwa 30 Minuten

1. Die Aubergine waschen und längs in 1 cm dicke Scheiben schneiden. In einer Pfanne etwa 1/8 l Salzwasser zum Kochen bringen, die Gemüsescheiben einlegen und etwa 5 Minuten vorgaren.

2. Auberginenscheiben herausnehmen und trockentupfen. Das Ei verquirlen. Den Parmesan mit den Kräutern und den Nüssen mischen. Die Scheiben zuerst in dem Ei, dann in der Panade wenden. In einer beschichteten Pfanne das Öl erhitzen und die Auberginen auf beiden Seiten goldbraun braten. Dazu paßt die Tomatensauce (Rezept S. 36) oder das Kräuter-Pesto (S. 56).

Varianten:
Statt Auberginen können Sie auch Kohlrabi oder Zucchini verwenden.

Im Bild oben: Südlicher Gemüsetopf
Im Bild unten: Gemüseschnitzel

Kartoffelgemüse

Zutaten für 2 Personen:
500 g mehlig-festkochende Kartoffeln · 1 Kohlrabi
2 Eßl. Traubenkernöl (ersatzweise Sonnenblumenöl) · Salz
Für die Sauce:
200 g Crème fraîche
1–2 Teel. Dijon-Senf
1–2 Teel. körniger Senf
1 Eßl. Kapern
1 Schälchen Kresse

- Zubereitungszeit: etwa 30 Minuten

1. Die Kartoffeln und den Kohlrabi dünn schälen und in feine Scheiben hobeln.

2. Das Öl erhitzen, die Kartoffel- und Kohlrabischeiben kurz andünsten, dann salzen, mit etwa 1 Tasse Wasser aufgießen. Zugedeckt bei mittlerer Hitze in 10–15 Minuten nicht zu weich garen lassen.

3. Inzwischen für die Sauce die Crème fraîche in einem kleinen Topf erhitzen, mit dem Senf und den Kapern verrühren und nach Belieben mit Salz abschmecken. Die Kresse abschneiden und waschen.

4. Die Sauce mit dem Gemüse vermischen und mit der Kresse bestreut servieren.

Variante:
Die Sauce allein paßt auch sehr gut zu pochierten oder hartgekochten Eiern und ergibt, zusammen mit einem schönen Gemüse oder Salat, eine schnelle Eiweißmahlzeit.

Tip!

In dieses Gemüse paßt auch sehr gut noch eine feingeschnittene Frühlingszwiebel oder eine Tasse Erbsen, die Sie kurz vor Ende der Garzeit nur 2–3 Minuten mitdünsten sollten.

Olivenkartoffeln

Zutaten für 2 Personen:
600 g mehligkochende Kartoffeln
40 g Butter
150 g Sahne
Salz
Muskatnuß, frisch gerieben
2 Eigelb
100 g schwarze Oliven
50 g Parmesan, kleingewürfelt
8 getrocknete, in Öl eingelegte Tomaten

- Zubereitungszeit: etwa 1 Stunde

1. Die Kartoffeln gründlich waschen und bürsten, in der Schale in wenig Wasser weich kochen, je nach Größe 20–30 Minuten.

2. Die Kartoffeln aus dem Topf nehmen, schälen und in eine Schüssel pressen oder zerstampfen.

3. Den Backofen auf 200° vorheizen. Eine Gratinform mit einem Eßlöffel Butter zum Anwärmen hineinstellen.

4. Die Eigelbe, Salz und Muskat zu den Kartoffeln geben. Das Kartoffelwasser in einen Meßbecher schütten und mit Sahne auf etwa 1/4 l auffüllen. Die Wasser-Sahne-Mischung zu den Kartoffeln gießen und mit den Rührbesen des Rührgerätes oder von Hand zu einem cremigen Püree rühren.

5. Die Oliven entkernen und in Stücke schneiden. Oliven und die Hälfte des Käses in das Püree einrühren und abschmecken.

6. Die Form aus dem Ofen nehmen und die Butter durch Schwenken der Form verteilen. Das Püree in die Form streichen. Die getrockneten Tomaten fein hacken und zusammen mit dem restlichen Käse darüber streuen.

7. Das Kartoffelpüree im Backofen (Mitte, Umluft 180°) etwa 20 Minuten überbacken. Servieren Sie dazu einen bunten Salat oder ein Gemüse.

Im Bild oben: Kartoffelgemüse
Im Bild unten: Olivenkartoffeln

Bratkartoffeln mit Gemüse

Zutaten für 2 Personen:
400 g festkochende Kartoffeln
4 Eßl. Traubenkernöl (ersatzweise Sonnenblumenöl)
1 Zwiebel · 300 g Lauch
Pfeffer, frisch gemahlen
1 Msp. Kümmel · Salz
2 Eßl. Petersilie, frisch gehackt

- Zubereitungszeit: etwa 30 Minuten

1. Die Kartoffeln waschen, schälen und in Juliennes oder dünne Scheiben schneiden. Die Hälfte des Öls in einer großen beschichteten Pfanne erhitzen, die Kartoffeln hineingeben und unter gelegentlichem Rühren 10–15 Minuten braten.

2. Inzwischen die Zwiebel schälen und klein würfeln. Das restliche Öl in einem Topf erhitzen und die Zwiebeln darin goldbraun braten.

3. Den Lauch halbieren und gründlich waschen. Den Lauch in feine Streifen schneiden, zu den Zwiebeln geben und 2–3 Minuten unter Rühren anbraten. Mit Pfeffer, Kümmel und Salz würzen, bei kleiner Hitze zugedeckt etwa 10 Minuten dünsten.

4. Das Lauchgemüse zu den Kartoffeln geben und vermischen. Die Petersilie darüber streuen und sofort servieren.

Varianten:
Zusätzlich zum Lauch passen auch feingeschnittene Champignons, statt Lauch schmekken Weißkohl oder Wirsing.

Spinatgnocchi

Zutaten für 2 Personen:
200 g Kartoffeln
100 g Dinkel, mittelgrob geschrotet (ersatzweise Vollkorngrieß)
2 Eigelb
30 g Sahne
Muskatnuß, frisch gerieben
Salz
100 g Spinat
50 g Parmesan, frisch gerieben
Zum Überbacken:
1 Eßl. Parmesan
1 Eßl. Butter

- Zubereitungszeit: etwa 1 1/4 Stunden

1. Die Kartoffeln waschen, in der Schale in wenig Wasser in 20–30 Minuten weich kochen.

2. Die Kartoffeln schälen und noch lauwarm durch eine Presse in eine Schüssel drücken. Den Schrot darüber streuen. Mit den Eigelben und der Sahne vermischen. Mit Muskatnuß und Salz würzen. Den Teig etwa 20 Minuten quellen lassen.

2. Inzwischen den Spinat putzen und waschen, tropfnaß in einen Topf geben und zugedeckt 2–3 Minuten dünsten, bis er zusammengefallen ist. Den Spinat auf ein Brett geben und auskühlen lassen.

4. In einem großen Topf etwa 2 l Salzwasser zum Kochen bringen.

5. Den Spinat fein hacken und zusammen mit dem Käse in den Kartoffelteig einarbeiten. Er sollte geschmeidig, aber nicht zu weich sein. Nach Bedarf noch etwas Schrot dazugeben. Den Teig abschmecken. Mit zwei nassen Löffeln kleine Klößchen formen und diese in zwei Portionen in das kochende Wasser geben. Die Hitze reduzieren und die Gnocchi etwa 5 Minuten ziehen lassen, bis sie oben schwimmen. Mit einem Schaumlöffel herausheben, abtropfen lassen und in eine flache Auflaufform legen.

6. Den Käse und die Butterflocken darauf verteilen und die Gnocchi für 5–10 Minuten unter dem Grill überbacken.

Tip!

Dazu paßt sehr gut die Käsesauce vom Hirsotto (S. 52) oder Tomatensauce (S. 36) und ein knackiger Salat.

Im Bild oben: Spinatgnocchi
Im Bild unten: Bratkartoffeln mit Gemüse

Tagliatelle mit Brokkoli

Zutaten für 2 Personen:
1 kleine Zwiebel
2 Knoblauchzehen
2 Eßl. Butter
125 ml trockener Weißwein (ersatzweise Wasser)
200 g Sahne
Salz · Pfeffer, frisch gemahlen
1/2 Teel. gekörnte Gemüsebrühe
400 g Brokkoli
150 g Hartweizen-Tagliatelle ohne Ei
4 Eßl. Pinienkerne
2 Eßl. Parmesan, frisch gerieben
1-2 Eßl. glatte Petersilie, frisch gehackt.

- Zubereitungszeit: etwa 30 Minuten

1. Für die Sauce die Zwiebel schälen und fein würfeln. Die Butter in einer Pfanne erhitzen und die Zwiebeln darin bei schwacher Hitze goldbraun dünsten. Den Knoblauch schälen und durchgepreßt zu den Zwiebeln geben, mit dem Wein aufgießen. Die Sauce etwa auf die Hälfte einkochen lassen. Die Sahne dazugießen und die Sauce leicht einkochen lassen. Mit Salz, Pfeffer und Gemüsebrühe kräftig würzen.

2. Den Brokkoli putzen und waschen.

3. Etwa 2 l Salzwasser zum Kochen bringen. Die Nudeln nach Packungsanweisung bißfest garen. Die Nudeln abschütten, dabei das Kochwasser auffangen und wieder in den Kochtopf schütten.

4. Die Pinienkerne in einer trockenen Pfanne unter ständigem Rühren goldbraun rösten. Den Brokkoli in kleine Röschen zerteilen und in das kochende Nudelwasser geben. Den Brokkoli in etwa 5 Minuten bißfest garen.

5. Die Nudeln mit der Sauce mischen. Den Brokkoli bis auf einen kleinen Rest vorsichtig unterheben.

6. Auf die Teller geben, die restlichen Brokkoliröschen, den Käse, die Pinienkerne und die Petersilie dekorativ darüber streuen.

Spaghetti mit Kräutern

Zutaten für 2 Personen:
1/4–1/2 mittelgroße scharfe Chilischote
1 rote Paprikaschote
1 Frühlingszwiebel
1 Stange Staudensellerie
1 Knoblauchzehe
1/2 Bund glatte Petersilie
1/2 Bund Basilikum
4 Salbeiblätter
Salz
150 g Hartweizen-Spaghetti ohne Ei
4 Eßl. Olivenöl, kaltgepreßt
1 Tasse Gemüsebrühe
Pfeffer, frisch gemahlen

- Zubereitungszeit: etwa 30 Minuten

1. Für die Sauce die Chili- und die Paprikaschoten waschen, halbieren und entkernen (Achtung, danach mit den Fingern nicht in Augennähe kommen!). Die Frühlingszwiebel halbieren und gründlich waschen. Die Selleriestange waschen und wenn nötig abziehen. Die Knoblauchzehe schälen. Die Petersilie, das Basilikum und den Salbei waschen und die Blätter von den Stielen zupfen. Alle Gemüse auf einem großen Brett mit einem großen Messer sehr fein hacken. Darauf achten, daß das Gemüse nicht musig wird.

2. In einem Topf etwa 2 l Salzwasser zum Kochen bringen. Die Nudeln darin nach Packungsanweisung bißfest kochen.

3. Während die Nudeln kochen, in einer großen Pfanne die Hälfte des Öls erhitzen und das Gemüse 2–3 Minuten darin andünsten. Mit der Gemüsebrühe ablöschen. Mit Salz und Pfeffer und dem restlichen Olivenöl würzen und abschmecken. Die Nudeln in ein Sieb abgießen, zum Gemüse geben und sofort servieren.

Im Bild oben:
Tagliatelle mit Brokkoli
Im Bild unten:
Spaghetti mit Kräutern

Nudeln mit Nußsauce

Zutaten für 2 Personen:
Salz
150 g beliebige Vollkornnudeln ohne Ei (zum Beispiel Penne)
50 g Pinienkerne
50 g Walnußkerne
50 g Parmesan
1 Knoblauchzehe
1 Bund Petersilie
50 g Crème fraîche
1–2 Eßl. Olivenöl, kaltgepreßt
Pfeffer, frisch gemahlen

- Zubereitungszeit: etwa 30 Minuten

1. In einem Topf etwa 2 l Salzwasser zum Kochen bringen und die Nudeln darin nach Packungsanweisung bißfest garen.

2.. Inzwischen die Pinien- und die Walnußkerne in wenig Öl unter ständigem Rühren goldbraun rösten, dann auf einen Teller legen und leicht abkühlen lassen. Petersilie waschen und abtropfen lassen.

3. Die Nüsse bis auf ein Drittel in einen Blitzhacker geben und zusammen mit dem Käse, dem geschälten Knoblauch und zwei Drittel der Petersilie fein zerkleinern.

4. Die Nudeln abgießen. In der Pfanne die Crème fraîche erhitzen, die zerkleinerte Nußmasse einrühren, mit dem Öl, etwas Pfeffer und Salz abschmecken und mit den Nudeln vermischen. Eventuell die Sauce mit etwas Nudelwasser verlängern.

5. Die restliche Petersilie hacken und mit den restlichen Nüssen vermischt über die Nudeln streuen.

Tip!

In diese cremig-nussige Sauce passen auch sehr gut Brokkoliröschen oder Wirsingstreifen, die Sie vor der Sahnezugabe in der Pfanne andünsten.

Seitan-Pilz-Frikadellen

Zutaten für 2 Personen:
1 Zwiebel
1 Knoblauchzehe
2–3 Eßl. Olivenöl, kaltgepreßt
200 g frische Pilze (zum Beispiel Champignons oder Austernpilze)
250 g Seitanstücke (Weizeneiweiß aus dem Reformhaus, ersatzweise Tofu)
1 Teel. Salbeiblättchen, frisch gehackt
50 g Parmesan, frisch gerieben
2 Eier
Pfeffer, frisch gemahlen
2 Eßl. Petersilie oder Basilikum, frisch gehackt
Zum Braten:
Oliven- oder Traubenkernöl

- Zubereitungszeit: etwa 30 Minuten

1. Die Zwiebel und die Knoblauchzehe schälen und klein würfeln. Zusammen in dem heißen Öl goldbraun braten.

2. Die Pilze kurz abspülen. Die Pilze und die Seitanstücke im Blitzhacker sehr fein zerkleinern. Pilz-Seitan-Masse mit dem Salbei zu den Zwiebeln geben und etwa 5 Minuten bei starker Hitze anbraten. Dann etwas abkühlen lassen.

3. Den Käse und die Eier zur Pilzmasse geben, würzen und die Kräuter einstreuen.

4. Aus der Masse kleine Frikadellen formen und in einer beschichteten Pfanne von beiden Seiten goldbraun braten.

Tip!

Dazu paßt ein saftiges Rotkraut- oder ein cremiges Kohlrabi-Sahne-Gemüse und für die Nicht-Trennköstler an Ihrem Tisch Kartoffelbrei.

Im Bild oben:
Nudeln mit Nußsauce
Im Bild unten:
Seitan-Pilz-Frikadellen

Radicchio-risotto

Zutaten für 2 Personen:
1 Zwiebel
1 Knoblauchzehe
1 mittelgroßer Radicchio (etwa 250 g)
2 Eßl. Olivenöl, kaltgepreßt
250 g Rundkornreis (zum Beispiel Arborio)
1/4 l warme Gemüsebrühe
1/4 l Rotwein (ersatzweise Gemüsebrühe)
50 g Parmesan, frisch gerieben
Pfeffer, frisch gemahlen
Salz
2 Eßl. Petersilie, frisch gehackt

- Zubereitungszeit: etwa 30 Minuten

1. Die Zwiebel und den Knoblauch schälen und fein würfeln. Den Radicchio putzen, waschen und in etwa 1 cm breite Streifen schneiden.

2. Die Zwiebeln und den Knoblauch in dem Öl goldbraun braten. Den Radicchio bis auf einen kleinen Rest dazugeben und 1–2 Minuten andünsten. Den Reis einstreuen, mit der Brühe und dem Wein aufgießen. Den Reis zugedeckt bei mittlerer Hitze etwa 15 Minuten garen. Dabei ab und zu kurz umrühren.

3. Den restlichen Radicchio feinhacken, mit dem Käse, Pfeffer und Salz zum Risotto geben.

Steinpilz-risotto

Zutaten für 2 Personen:
25 g getrocknete Steinpilze
1 Zwiebel · 1 Knoblauchzehe
6 Eßl. Olivenöl, kaltgepreßt
200 g Rundkornreis (zum Beispiel Arborio)
400 ml warme Gemüsebrühe
30 g Parmesan oder Pecorino, frisch gerieben
Salz · Pfeffer, frisch gemahlen

- Zubereitungszeit: etwa 30 Minuten
- Quellzeit: 1 Stunde

1. Die Steinpilze mit etwa 1/4 l kochendem Wasser übergießen und etwa 1 Stunde quellen lassen.

2. Die aufgequollenen Pilze in ein Sieb abgießen, dabei das Einweichwasser auffangen und durch einen Papierfilter gießen. Von den Pilzen unschöne Stellen eventuell abschneiden.

3. Die Zwiebel und die Knoblauchzehe schälen und fein hacken. Die Hälfte des Öls in einem Topf erhitzen. Die Zwiebel und den Knoblauch darin 3–4 Minuten leicht andünsten.

4. Die Pilze kleinschneiden, zu den Zwiebeln geben und kurz anbraten. Das gefilterte Einweichwasser aufgießen und etwa auf die Hälfte einkochen lassen.

5. In einem anderen Topf das restliche Öl erhitzen, den Reis dazugeben und 2–3 Minuten unter Rühren anbraten, bis die Körner glasig sind.

6. Die Brühe und die Pilze mit der Kochflüssigkeit angießen, umrühren, den Deckel auflegen und den Risotto bei mittlerer Hitze 15 Minuten garen. Dabei ab und zu umrühren.

7. Den Reis auf Bißfestigkeit testen. Sollte die Konsistenz zu fest sein, noch etwas Wasser dazugeben. Der Risotto soll eine leicht cremige Konsistenz, die Körner jedoch noch Biß haben.

8. Den Risotto von der Kochplatte nehmen, den Käse darunterrühren, mit Salz und Pfeffer abschmecken.

Tip!

Risotti immer sofort servieren, da der Reis bei zu langem Stehen nachquillt und zu weich werden könnte.

Variante:
Dieses Rezept schmeckt auch sehr fein mit getrockneten Morcheln, die Sie auf die gleiche Weise wie die Steinpilze vorbereiten.

Im Bild oben: Steinpilzrisotto
Im Bild unten: Radicchiorisotto

Reisklößchen

Zutaten für 2 Personen:
2 Eßl. Olivenöl, kaltgepreßt
250 g Rundkornreis (zum Beispiel Arborio)
1/4 l warme Gemüsebrühe
1/4 l Weißwein (ersatzweise Brühe)
1 Msp. Safran
2 Eigelb
4 Eßl. Parmesan, frisch gerieben
Für die Füllung:
1 Zwiebel
2 Eßl. Butter
1/4 Sellerieknolle
1 Knoblauchzehe
2 frische Champignons
1 Tasse grüne Erbsen, frisch oder tiefgekühlt
Pfeffer, frisch gemahlen · Salz
50 g Vollkornsemmelbrösel
Zum Ausbacken: Öl

- Zubereitungszeit: etwa 40 Minuten

1. Das Öl erhitzen, den Reis dazugeben und einige Minuten anrösten. Die Brühe und den Wein angießen, den Safran einrühren. Den Reis zugedeckt bei mäßiger Hitze etwa 20 Minuten leicht köcheln lassen. Dabei ab und zu kurz umrühren.

2. Inzwischen für die Füllung die Zwiebel schälen und fein schneiden, in der Butter anbräunen. Den Sellerie waschen, putzen, schälen und fein würfeln. Die Knoblauchzehe schälen und fein hacken. Sellerie und Knoblauch mit den Zwiebeln anbraten. Die Pilze putzen, fein hacken, 2–3 Minuten mit anbraten. Die Erbsen dazugeben, alles mit Pfeffer und Salz würzen.

3. Den Risotto etwa 5 Minuten abkühlen lassen, dann mit den Eigelben und dem Käse verrühren.

4. Mit nassen Händen eine eßlöffelgroße Menge Reis auf dem Handteller ausdrücken, einen Teelöffel Füllung daraufgeben, den Teig darüber klappen und kleine Kugeln formen. In den Bröseln wenden. Das Öl erhitzen und die Kugeln etwa 5 Minuten darin fritieren. Dazu paßt Salat, Gemüse oder die Käsesauce vom Hirsotto.

Gemüse-Hirsotto

Zutaten für 2 Personen:
1 Zwiebel
30 g Butter
125 g Hirse
1/2 l warme Gemüsebrühe
250 g Brokkoli
1 Möhre
Pfeffer, frisch gemahlen · Salz
100 g Weichkäse (zum Beispiel Fontina, Taleggio, Raclette)
50 g Sahne
2 Eßl. Petersilie oder Schnittlauch, frisch gehackt

- Zubereitungszeit: etwa 30 Minuten

1. Die Zwiebel schälen, fein würfeln und in der Butter goldgelb dünsten. Die Hirse dazugeben, 1–2 Minuten leicht anrösten, dann die Brühe aufgießen. Die Hirse zugedeckt bei mäßiger Hitze etwa 10 Minuten leicht köcheln lassen. Dabei ab und zu kurz umrühren.

2. Den Brokkoli waschen, den Strunk abschneiden, schälen und fein würfeln. Den Rest in kleine Röschen zerteilen. Die Möhre putzen, waschen und in dünne Scheiben schneiden.

3. Die Möhre und die Brokkoliwürfel zur Hirse geben. Etwa 10 Minuten danach die Röschen einrühren. Den Hirsotto mit Pfeffer und Salz würzen.

4. Inzwischen für die Sauce den Käse in kleine Würfel schneiden. In einem Topf die Sahne erhitzen, den Käse dazugeben und bei niedriger Hitze unter häufigem Rühren schmelzen lassen.

5. Die Teller im Backofen bei 50° vorheizen. Den Hirsotto auf die heißen Teller geben. Die Käsesauce dekorativ darüber gießen. Mit den Kräutern bestreuen und servieren.

Im Bild oben: Gemüse-Hirsotto
Im Bild unten: Reisklößchen

Buchweizen-frikadellen

Zutaten für 2 Personen:
1 Zwiebel
1 Eßl. Olivenöl, kaltgepreßt
125 g Buchweizenkörner
1/2 Gemüsebrühwürfel
1/2 Teel. getrockneter Thymian
1 Lorbeerblatt
Pfeffer, frisch gemahlen
Salz
2 Eßl. Petersilie, frisch gehackt
2 Eßl. Dinkelmehl, frisch gemahlen (ersatzweise Weizenvollkornmehl)
1 Eßl. Käse, frisch gerieben
Zum Braten:
Traubenkernöl oder Olivenöl

- Zubereitungszeit: etwa 45 Minuten

1. Die Zwiebel schälen, fein würfeln und in dem Öl goldgelb dünsten. Den Buchweizen einstreuen, 1/4 l Wasser angießen und die Gewürze dazugeben. Den Buchweizen zugedeckt bei mäßiger Hitze in etwa 25 Minuten ausquellen lassen.

2. Den Brei etwas abkühlen lassen, dann die Petersilie, das Mehl und den Käse darunterrühren. Die Masse würzen und abschmecken.

3. Kleine Frikadellen formen und in einer beschichteten Pfanne etwas Öl erhitzen. Die Küchlein darin etwa insgesamt 10 Minuten auf beiden Seiten goldbraun braten.

Getreide-auflauf

Zutaten für 2 Personen:
Salz
1 Gemüsebrühwürfel
1 Msp. Curry
150 g Getreide (zum Beispiel Grünkern, Dinkel, Gerste), mittelgrob geschrotet
1 Zwiebel
40 g Butter
250 g Brokkoli
150 g Möhren
1 Staudenselleriestange
1 Eßl. Olivenöl, kaltgepreßt
2 Eßl. Gomasio (aus dem Bioladen oder Reformhaus)
100 g Crème fraîche
3–4 Eßl. Petersilie oder Schnittlauch, frisch gehackt
50 g würziger Käse, frisch gerieben (zum Beispiel Bergkäse)
Pfeffer, frisch gemahlen · Salz
2 Eßl. Sonnenblumenkerne

- Zubereitungszeit: etwa 1 Stunde

1. 1/4 l Wasser mit dem Salz, der Gemüsebrühe und dem Curry erhitzen. Den Schrot dazugeben und zugedeckt bei niedriger Hitze in 20–30 Minuten ausquellen lassen.

2. Inzwischen die Zwiebel schälen und klein würfeln. Den Brokkoli waschen. Den Stiel in Würfel, den Rest in kleine Röschen schneiden. Die Möhren schälen und waschen, in feine Scheiben schneiden. Die Selleriestange waschen und fein schneiden.

3. In einer Pfanne das Öl erhitzen und die Zwiebel darin anbräunen. Zuerst die Brokkoliwürfel, die Möhren und den Sellerie dazugeben, etwa 1 Tasse Wasser angießen und zugedeckt etwa 10 Minuten garen. Dann die Röschen dazugeben und noch 2–3 Minuten dünsten.

4. In die gequollene Getreidemasse das Gomasio, die Crème fraîche, die Kräuter und den Käse bis auf einen kleinen Rest einrühren, würzen und abschmecken.

5. Den Backofen auf 200° vorheizen. Eine flache Auflaufform fetten. Abwechselnd Getreide und Gemüse in die Form füllen, den restlichen Käse und die Sonnenblumenkerne darüber streuen.

6. Den Auflauf im Backofen (Mitte, Umluft 180°) 15–20 Minuten überbacken.

Tip!

Dazu paßt sehr gut eine Käsesauce (S. 52), eine Tomatensauce (S. 36) oder eine saftige Möhrensauce (S. 28).

Im Bild oben: Getreideauflauf
Im Bild unten: Buchweizenfrikadellen

Knabberstangen

Zutaten für 2 Personen:
125 g Roggen oder Dinkel (ersatzweise Dinkelmehl)
1 Teel. Kümmel (ersatzweise gemahlener Kümmel)
65 g kalte Butter
100 g saure Sahne oder Quark (20 % Fett i. Tr.)
Salz
2 Eßl. Milch oder Sahne
Zum Garnieren: 1 Eßl. Kümmel
1 Eßl. geschälte Sesamsamen

- Zubereitungszeit: etwa 1 Stunde

1. Das Getreide zusammen mit dem Kümmel fein mahlen. Das Mehl mit der Butter, der sauren Sahne oder dem Quark und 1/2 Teelöffel Salz zu einem geschmeidigen Teig verkneten. Den Teig im Kühlschrank etwa 20 Minuten ruhen lassen.

2. In 3 kleinen Tellern Milch, Sesamsamen und Kümmel bereitstellen. Den Backofen auf 200° vorheizen.

3. Die Teigkugel vierteln. Aus jedem Teigstück eine Rolle formen, diese in acht Portionen teilen und aus jedem Stück eine zigarrengroße Rolle formen.

4. Die Teigstangen an beiden Enden festhalten und nacheinander in die Milch und den Kümmel und/oder den Sesam tauchen und auf das Backblech legen.

5. Im Backofen (Mitte, Umluft 180°) in 25–30 Minuten knusprig braun backen.

Blätterteigtäschchen

Zutaten für 2 Personen:
2 Platten Blätterteig, tiefgekühlt
2 Eßl. Pesto (nach nebenstehendem Rezept oder aus dem Glas)
8 getrocknete, in Öl eingelegte Tomaten
Zum Bestreichen: 1 Eigelb

- Zubereitungszeit: etwa 40 Minuten

1. Den Blätterteig antauen lassen. Den Backofen auf 220° vorheizen.

2. Die Blätterteigplatten zu 2 Quadraten ausrollen. Diese jeweils in 4 Quadrate zerteilen. In die Mitte jedes Quadrates etwas Pesto geben, darauf ein Stück Tomate setzen, die Ränder mit Wasser bestreichen und die Quadrate zu Dreiecken zusammenklappen. Die Ränder mit einem Messerrücken dekorativ andrücken.

3. Die Taschen auf ein mit Wasser abgespültes Blech setzen, mit dem Eigelb bepinseln und im Backofen (Mitte, Umluft 200°) in 15–20 Minuten goldbraun backen.

Kräuter-Pesto

Zutaten für 4 Portionen:
50 g Pinien-, Sonnenblumen- oder Cashewkerne
6–8 Eßl. Olivenöl, kaltgepreßt
30 g Basilikum oder Schnittlauch
50 g glatte Petersilienblätter
Pfeffer, frisch gemahlen · Salz
25 g Parmesan oder Pecorino, frisch gerieben nach Belieben

Zubereitungszeit: etwa 20 Minuten

1. Die Pinien-, Sonnenblumen- oder Cashewkerne in einer Pfanne mit 1 Teelöffel Öl unter Rühren anrösten, danach beiseite stellen.

2. Die Kräuter waschen und trockenschütteln. Die Kräuter mit einem großen Messer, im Mörser oder im Mixer sehr fein zerkleinern. Die Nüsse bzw. Kerne fein reiben oder in den Mixer geben und mit den Kräutern vermischen. Das restliche Öl, den Pfeffer, das Salz und nach Belieben den Käse dazugeben.
Das Pesto können Sie in einem Schraubglas im Kühlschrank etwa 2–3 Wochen aufbewahren.

Im Bild oben: Kräuter-Pesto
Im Bild Mitte: Knabberstangen
Im Bild unten: Blätterteigtäschchen

Mousse mit Früchten

Zutaten für 2 Personen:
100 g säuerliche Früchte (zum Beispiel Orangen oder Beeren)
100 g Sahne
1 Teel. Honig oder Apfeldicksaft

- Zubereitungszeit: etwa 15 Minuten

1. Die Früchte je nach Sorte waschen oder schälen und bis auf einen kleinen Rest mit einem Mixstab pürieren.

2. Die Sahne schlagen und den Honig oder den Apfeldicksaft darunterrühren. Das Fruchtpüree vorsichtig unter die Sahne heben. Die Mousse in Schälchen füllen und etwa 30 Minuten in den Kühlschrank stellen. Die restlichen Früchte kleinschneiden und die Mousse damit garnieren.

Kohlenhydrat-Variante:
Die Mousse paßt zu einer Kohlenhydratmahlzeit, wenn Sie süße Früchte wie zum Beispiel Bananen verwenden.

Quarkgratin mit Früchten

Zutaten für 2 Personen:
100-150 g säuerliche Früchte (zum Beispiel Beeren oder Äpfel)
2 Eier
1 Teel. Honig
1 Msp. abgeriebene Schale einer unbehandelten Zitrone
250 g Quark

- Zubereitungszeit: etwa 5 Minuten

1. Die Früchte waschen, putzen und je nach Sorte zerkleinern.

2. Eine kleine Auflaufform leicht fetten und den Backofen auf 180° vorheizen.

3. Die Eier trennen. Die Eiweiße steifschlagen. Den Honig und die Eigelbe einrühren. Die Schaummasse mit der Zitronenschale vorsichtig unter den Quark heben.

4. Die Quarkmasse in die Auflaufform füllen und die Früchte darauf verteilen. Im Backofen (Mitte, Umluft 160°) in 20–25 Minuten goldbraun backen.

Kohlenhydrat-Variante:
Nur die Eigelbe mit 1–2 Eßlöffel heißem Wasser schaumig rühren. Verwenden Sie Sahnequark und Bananen, Heidelbeeren oder kleingeschnittene Trockenfrüchte.

Joghurtcreme

Zutaten für 2 Personen:
1 Vollmilchjoghurt
150 g säuerliche Früchte, nach Belieben zerkleinert oder püriert
100 g Sahne

- Zubereitungszeit: etwa 5 Minuten

1. Den Joghurt glattrühren und mit den Früchten mischen.

2. Die Sahne steif schlagen und unter die Creme heben.

Kohlenhydrat-Variante:
Verwenden Sie süße Früchte oder eingeweichte, kleingeschnittene Trockenfrüchte.

Tip!

Eine kleine Menge Honig ist auch bei Eiweißdesserts erlaubt.

Im Bild oben: Mousse mit Früchten
Im Bild Mitte: Quarkgratin mit Früchten
Im Bild unten: Joghurtcreme

Calvados-Äpfel

Zutaten für 2 Personen:
2 Eßl. Butter
2 Eßl. Walnußkerne, grob gehackt
2 mürbe, süße Äpfel
2 cl Calvados (ersatzweise süßer Apfelsaft) · 1 Msp. Zimt

• Zubereitungszeit: etwa 10 Minuten

1. Die Hälfte der Butter in einer Pfanne aufschäumen lassen, die Walnußkerne darin 2–3 Minuten anbräunen.

2. Die Äpfel waschen, abreiben und vierteln. Ohne Kerngehäuse in feine Schnitze schneiden. Die Apfelschnitze rosettenförmig in die Pfanne legen und 2–3 Minuten dünsten lassen.

3. Mit dem Calvados ablöschen. Den Zimt darüber stäuben. Die restliche Butter dazugeben und die Sauce cremig einkochen lassen.

Nußbiskuit

Zutaten für eine Backform von 18 cm Ø:
2 Eßl. Mandelblättchen · 2 Eier
4 Eßl. heißes Wasser
100 g geriebene Haselnüsse
1 Teel. abgeriebene Zitronenschale
3 Eßl. Birnendicksaft

• Zubereitungszeit: etwa 60 Minuten

1. Den Boden der Form mit Mandelblättchen dicht ausstreuen. Den Backofen auf 180° vorheizen.

2. Die Eier trennen. Die Eiweiße mit dem heißen Wasser steif schlagen. Die Eigelbe einrühren und die Masse so lange schlagen, bis sie dickschaumig ist.

3. Die Nüsse, die Zitronenschale und den Birnendicksaft unter die Eiermasse heben.

4. Den Teig in die Form füllen und den Biskuit im Backofen (Mitte, Umluft 160°) 20–25 Minuten backen.

Knusprige Apfeltarte

Zutaten für eine Backform von 24 cm Ø:
100 g Dinkelmehl (ersatzweise Weizenvollkornmehl)
50 g Crème fraîche
50 g kalte Butter + 1 Teel. Butter
2 süße, mürbe Äpfel
2 Eßl. Aprikosen- oder Quittengelee
20 g Mandelblättchen
1 Eßl. Vollrohrzucker

• Zubereitungszeit: etwa 60 Minuten

1. Das Mehl mit der Crème fraîche verrühren. Die Butter in kleinen Stücken dazugeben und zügig zu einem Teig verkneten. Den Teig für etwa 10 Minuten in den Gefrierschrank legen. Den Backofen auf 200° vorheizen.

2. Inzwischen die Äpfel waschen, schälen, Kerngehäuse ausschneiden und die Äpfel in feine Schnitze schneiden.

3. Den Teig in die Mitte der Form legen und mit den Händen zu einem dünnen Teigboden ausdrücken. Die Apfelschnitze rosettenförmig, jeweils mit etwas Abstand darauf legen.

5. Den Kuchen im Backofen (Mitte, Umluft 180°) etwa 30 Minuten backen, bis der Boden goldbraun und knusprig ist.

5. Den Kuchen herausnehmen und das Gelee auf die Äpfel streichen.

6. In einer Pfanne den Teelöffel Butter schmelzen lassen, die Mandeln goldbraun braten, den Zucker überstreuen und karamelisieren lassen. Diese Krokantmischung sofort über dem Kuchen verteilen.

Im Bild oben: Nußbiskuit
Im Bild Mitte: Knusprige Apfeltarte
Im Bild unten: Calvados-Äpfel

Zum Gebrauch

Damit Sie Rezepte mit bestimmten Zutaten noch schneller finden können, stehen in diesem Register zusätzlich auch beliebte Zutaten wie Eier und Tomaten – ebenfalls alphabetisch geordnet und halbfett gedruckt – über den entsprechenden Rezepten.

Rezeptregister

Sachregister

Redaktion: Bettina Bartz, Christine Wehling
Layout: Ludwig Kaiser
Herstellung: BuchHaus Robert Gigler GmbH
Produktion: Helmut Giersberg
Fotos: Odette Teubner, Barbara Bonisolli (Titelfoto)
Umschlaggestaltung: Heinz Kraxenberger
Reproduktion: Fotolito Longo
Druck und Bindung: Kaufmann, Lahr
ISBN 3-7742-2806-X

Auflage 6. 5. 4. 3.
Jahr 2000 99 98 97

Johanna Handschmann
studierte Hauswirtschaft und unterrichtete 18 Jahre an der Realschule. Seit 1988 schreibt sie als freie Autorin Kochbücher für den Gräfe und Unzer Verlag und leitet Kurse und Seminare zu den Themen internationale Küche, Vollwert- und vegetarische Kost und Menügestaltung.

Odette Teubner
wurde durch ihren Vater, den bekannten Food-Fotografen Christian Teubner, ausgebildet. Heute arbeitet sie ausschließlich im Studio für Lebensmittelfotografie Teubner. In ihrer Freizeit ist sie begeisterte Kinderporträtistin – mit dem eigenen Sohn als Modell.